봄觀

본래의 나를 찾는 마음공부

봄 觀

본래의 나를 찾는 마음공부

오문환 지음

도서출판 모시는사람들

지은이의 말

「십삼관법十三觀法」은 천도교의 의암 손병희 성사가 인류 문명의 근본적인 문제들을 바라보는 방법으로 제안한 화두이다. 「십삼관법」은 제1관법에서 주문을 통하여 하늘의 감화를 받아 제13관법에서 극락세계에 이르기까지의 절차와 과정을 제시한다.

관법은 화두를 보아서 통달하는 수련법이다. 관법이란 어떤 철학이나 사상으로 설명할 수 있는 것이 아니며, 오직 자기 눈으로 스스로 보아서 화두가 청천백일처럼 명료해지고 밝아지면 된다. 따라서 긴 설명이나 해제가 필요한 것이 아니다. 바뀐 눈이 필요할 따름이다. 아무리 많은 말과 글로 표현한다고 하더라도 결국 보는 눈이 바뀌지 않으면, 느끼는 마음이 열리지 않으면 껍데기만 볼 뿐이다. 그것은 관법이 아니다. 육신의 눈肉眼은 눈꺼풀을 뜨면 열리지만 마음의 눈心眼은 생각의 껍질을 벗어던져야 열린다. 생각은 전도망상의 집을 짓기 위해서 하는 것이 아니라 전도망상의 껍질을 벗기 위해서 하는 것이다.

십삼관법은 크게 다섯 부분으로 나눌 수 있다. 제1부는 주문과 감화이다. 동학·천도교의 본체를 바로 보라는 것이다. 제2부는 나와 신의 관계에 대한 논의로서 천도 형이상학이다. 제3부는 성심의 유무로 본 인간본체론이다. 제4부는 성심본체를 회복한 '본래의 나'의 개벽론이다. 제5부는 인류가 지금껏 찾아왔던 궁극적 이상인 자유, 행복, 평화의 세계이다. 십삼관법은 몇 글자 되지 않지만 인류 문명의 가장 근본적인 문제를 화두로 제시하고 있음을 알 수 있다. 이러한 인류 보편의 문제에 대한 동학·천도교적 해답을 관하라는 것이 십삼관법의 내용이다. 모두 관하여 행하게 되면 천도교의 목적이 완성될 것이다.

십삼관법은 불가처럼 마음으로 불성佛性을 관하는 데 그치는 것이 아니라 우주만유와 인간만사의 도를 바로 보고 바로 세우는 데까지 이르고 있음을 볼 수 있다. 즉, 천도교에서 십삼관법은 비단 천심을 보고 천성을 보는 데 그치는 것이 아니라 현실세계에서의 천도의 완성까지 다루고 있다. 천도교의 십삼관법은 한울인간, 다시개벽, 개벽문명이 어떠한지를 바로 보라는 것이다. 수운 최제우 대신사는 현실화된 이상세계를 '도성덕립道成德立'으로 표현하였다. 매매사사의 일상적 삶에서 하늘의 도를 이룰 뿐만 아니라 인간 삶의 다양한 차원인 가정, 사회, 정치, 경제, 문화 등에서 하늘의 덕을 실현하라는 것이다. 의암 손병희는 '대지는 둥글어 경계가 없건마는 사람의 눈은 언덕을 떠나지 못한다'고 하였다. 열세 가지의 보는 법을 통달하여 하루속히 우리들의 눈이 한울님의 눈이 되어 언덕 너머까지를 활연관통 하기를 바라는 마음이다.

십삼관법에 대한 생각들을 정리하는 과정에서 여러 분들이 도와주셨다. 부족한 글을 읽어 주고 마음을 나눌 수 있었던 지암 김효년 선생님께 감사의 말씀을 드린다. 아울러 「무체법경」을 강의해 주셨고 글을 읽고 격려해 주신 박암 임운길 도정 선생님께 깊은 감사를 드린다. 저를 「십삼관법」의 세계로 안내해 주신 한울님과 스승님 그리고 월산 선생님께 더없는 감사의 말씀을 드리지 않을 수 없다.

그동안 적지 않은 책들을 여러 가지 어려운 사정에서도 기꺼이 출판해 주시고 아직 부족한 이 글까지 출판을 맡아 주신 박길수 대표에게도 감사 드린다.

포덕150(2009)년 9월
오문환 심고

봄觀

차례

지은이의 말 　_5

제1부 머리말
제1장 십삼관법의 구조 　_13

제2부 주문과 감화
제3장 주문을 외우면 감화를 받는다 　_23

제3부 나와 하늘
제4장 나는 사라지고 오직 하늘만 있을 뿐이다 　_37
제5장 우주만유가 모두 나다 　_54

제4부 본래의 나: 성품과 마음
제6장 성품은 비었기 때문에 없고 마음은 활동하기 때문에 있다 　_67
제7장 마음이 비었기에 자유하고 성품이 있어 만유가 매달려 있다 _79

제8장 성품은 고요하니 없고, 마음은 비었으니 없다 _97
제9장 성품도 있고 마음도 있다 _105

제5부 새 하늘과 새 땅의 열림
제10장 '본래의 나' 이후에 천지가 개벽했다 _113
제11장 '본래의 나'가 있으니 하늘이 있게 되었다 _125
제12장 '본래의 나'가 있어서 우주만유도 있게 되었다 _141

제6부 도성덕립: 자유, 행복, 평화
제13장 자유심은 공도공용하고 _153
제14장 모든 생명들은 행복해지고 _161
제15장 세계는 지상천국이 된다 _165

제7부 맺음말
제16장 하늘의 눈을 여는 마음공부 _171

찾아보기 _175

제1부

머 리 말

제1장 십삼관법의 구조

십삼관법은 1912년에 『무체법경心』과 함께 발표된 글이다. 관법은 불가의 마음공부와 긴밀한 관계가 있지만 의암 손병희는 천도교의 열세 가지 중요한 화두를 제시하고 관법을 보여주고 있다. 천도교의 핵심 화두 열세 가지를 제시하고 있기 때문에 십삼관법의 이해는 천도교 이해를 위하여 매우 중요하다.

먼저 십삼관법 전체 구조를 보자. 십삼관법 전체는 크게 셋으로 나누어 볼 수 있다. 머리말에 해당되는 것이 제1관법으로 천도교의 기본 출발점이다. 사람이 하는 주문이 하늘의 감응을 불러일으킨다는 것이다. 이후 주체인 사람에 대하여 6개의 관법들이 다루어지고 있고, 객관 세계에 대하여 6개의 관법들이 다루어지고 있다. 주체인 사람에 대한 논의가 심학心學과 주관성의 문제라면, 객체에 대한 논의는 행법行法과 객관성의 문제이다. 제2관법에서 제7관법까지의 전반부에서 주관적 보편성의 문제가 다루어지고 있고, 제8관법에서 제13관법까지의 후반부에서 객관적 세계에서의 실천문제가 다루어지고 있다. 나와 하늘의 문제는 제2·3관법에서도 다루어지고 제8·9·10관법에서도 다루어지고 있다. 제2·3관법에서의 나와 하늘의 문제는 주관적 차원의 문제이고 제8·9·10관법에서는 객관적 차원의 문제로서 차원이 서로 다르다. 후반부에서 다루는 '나'는 전반부의 주체의 문제와 달리 객관적으로 보편화된 '본래의 나'를 다루고 있다. 이 문제는 해당 관법을 살피면서 보다 분명하게 설명할 기회가 있을 것이다.

제1관법 念呪觀 感化觀(주문관 감화관) ────── 1부

제2관법 我無觀 天有觀(아무관 천유관) ┐
제3관법 我有觀 天無觀(아유관 천무관) ┘ 2부

제4관법 性無觀 心有觀(성무관 심유관) ┐
제2관법 我無觀 天有觀(아무관 천유관) │
제6관법 性無觀 心無觀(성유관 심무관) │ 3부
제7관법 性有觀 心有觀(성유관 심유관) ┘

제8관법 我先觀 天後觀(아선관 천후관) ┐
제9관법 我有觀 天有觀(아유관 천유관) │ 4부
제10관법 我有觀 物有觀(아유관 물유관) ┘

제11관법 自由觀 自用觀 (자유관 자용관)
제12관법 衆生觀 福祿觀 (중생관 복록관) ──── 5부
제13관법 世界觀 極樂觀 (세계관 극락관)

이 전체 구조를 좀 더 세분하면 총 5부로 나눌 수 있다. 첫째는 십삼관법의 기초가 되는 주문·감화이다. 주문·감화는 천도에 이르는 근본 바탕이 된다. 둘째는 인류 문명의 근본적 화두인 나와 하늘의 관계 문제를 다룬다. 셋째는 인간이 무엇인가라는 근본적 질문에 답하여 성품과 마음의 개념을 다루고 있다. 넷째는 우주에서의 인간의 위상과 함께 새로운 인간에 의하여 열리는 새로운 우주의 문제를 다루고 있다. 다섯째는 새로운 인간에 의하여 열리는 새로운 인간사회의 모습을 그리고 있다. 결국 십삼관법은 동학·천도교의 주문 수행에 수반되는 한울님의 감화가 인간과 세상을 어떻게 새롭게 하는지의 문제를 보고 있는 것이다. 순서에 따라서 내용을 좀 더 살펴보자.

제1부 천도의 바탕: 주문과 감화
　　제1관법 呪文觀 感化觀 (주문관 감화관)

먼저 머리말에 해당되는 제1관법 주문·감화는 천도교의 정

수이며 기본 바탕으로 독자적인 1부를 구성한다. 동학은 수운이 한울님으로부터 주문을 받음으로부터 시작되었기 때문에 주문은 기본 바탕이다.

주문 공부는 반드시 하늘의 감화에 의하여 실효가 나타나므로 주문·감화가 무엇인지를 관하는 것이 최우선이다. 주문·감화에서 관觀하는 것은 주문도 하늘에서 왔고 감화도 하늘에서 왔음을 명약관화하게 보는 일이다. 천도교의 특징을 한마디로 말하라면 제1관법의 주문·감화라 할 수 있다.

　제2부 나와 하늘
　　　제2관법 我無觀 天有觀(아무관 천유관)
　　　제3관법 我有觀 天無觀(아유관 천무관)

주관적 보편성의 문제는 전반부의 나와 하늘의 관계와 후반부의 성심 유무로 전개되는 인간 본체론으로 나누어 볼 수 있다. 전반부의 첫 부분은 종교의 가장 근본적인 문제인 나와 하늘의 관계를 제2관법과 제3관법에서 다룬다. 나와 하늘의 관계를 동학에서는 모실 시侍자로 정의한다. 모실 시자가 제2·3관법을 관하는 요령이 된다.

나와 하늘의 관계를 유무有無로 도표화하면 네 가지가 나올 것

이다. 즉, 내가 있고 하늘이 없고, 내가 없고 하늘이 있고, 나도
있고 하늘도 있고, 나도 없고 하늘도 없는 네 가지 양태가 나올
것이지만 의암은 앞의 두 가지만을 다루고 있다. 나머지 둘은 유
추할 수 있기에 굳이 다루지 않아도 되기 때문이다.

　제3부 인간본체 : 성품과 마음
　　제4관법 性無觀 心有觀(성무관 심유관)
　　제5관법 心無觀 性有觀(심무관 성유관)
　　제6관법 性無觀 心無觀(성무관 심무관)
　　제7관법 性有觀 心有觀(성유관 심유관)

　전반부의 둘째 부분은 한울님을 모신 새로운 인간의 본체론
을 네가지로 나누어 관하고 있다. 제4관법, 제5관법, 제6관법, 제
7관법은 성심性心의 유무를 네 가지로 나누어 분석한다. 이 부분
에서는 유불선에서 공통적으로 사용되고 있는 성심 개념을 통하
여 천도교의 인간 본체를 보고 있다.
　성품과 마음은 유가와 불가 그리고 도가에서 공통적으로 사
용되고 있기 때문에 회통會通 종교로서의 천도교의 면모를 뚜렷
하게 해 주는 효과가 있다. 천도교는 '무극대도無極大道'또는 천
도天道로 모든 종교들을 회통시키고 있는 것이다. 나와 하늘의

관계처럼 성심의 경우에도 유무로 논할 경우 네 가지 유형이 나오는데 여기에서는 네 가지 모두 다루어지고 있다. 즉, 성품이 있고 마음이 없고, 성품이 없고 마음이 있고, 성품도 있고 마음도 있고, 성품도 없고 마음도 없는 네 가지 유형을 다 보고 있다.

　제4부 본래의 나와 다시개벽
　　　제8관법 我先觀 天後觀(아선관 천후관)
　　　제9관법 我有觀 天有觀(아유관 천유관)
　　　제10관법 我有觀 物有觀(아유관 물유관)

　후반부의 첫째 부분은 성심 본체에 관한 논의를 통하여 확보한 '본래의 나'와 시간 문제와 개벽의 문제를 다루고 있다. 제8관법에서는 본체와 시간의 선후 문제를 다루고 있다. '본래의 나'는 천지, 우주, 인간의 바탕이다.

　'본래의 나'와 하늘의 선후문제는 후천개벽을 이해하는데 매우 중요한 문제이므로 제8관법을 제대로 관하면 다음의 제9·10관법이 말하는 개벽은 저절로 이해된다. '본래의 나'에 의하여 새로이 펼쳐지는 새 하늘과 새 땅이 열리는 다시 개벽은 천도교의 사명이기도 하다.

제5부 개벽문명: 자유, 행복, 평화

　　제11관법 自由觀 自用觀 (자유관 자용관)
　　제12관법 衆生觀 福祿觀 (중생관 복록관)
　　제13관법 世界觀 極樂觀 (세계관 극락관)

　후반부의 둘째 부분은 개벽에 의하여 탄생하는 새로운 세계를 그려 내고 있다. 제11관법, 제12관법, 제13관법은 개벽 이후의 인간 완성, 사회 완성, 문명 완성을 다루고 있다.

　천도교에서 말하는 인간 완성은 자유·자용으로 말할 수 있으며, 사회 완성은 모든 중생이 복록을 누리는 사회라 할 수 있으며, 마지막으로 문명 완성은 극락세계 또는 지상천국을 건설함으로써 마무리된다.

　열세 가지를 다섯 개의 범주로 나누고 보니 첫 번째 주문·감화를 제외하고는 인간의 보편적 문제를 다루고 있음을 알 수 있다. 내용을 간추려 보면 형이상학적 본체, 즉 신의 문제를 두 번째 단락에서 다루고, 성심으로 본 인간 본체를 세 번째 주제로 다룬다. 여기까지 전반부는 관법을 통한 주관적 보편성의 체득과 심득의 법이다. 본래의 나와 시간의 문제와 함께 새로이 펼쳐지는 천지개벽이 네 번째 주제이며, 마지막으로 인류 문명의 궁극적 이상인 자유, 행복, 평화가 어떻게 구현되는지의 문제를 다섯 번째로 다루고 있는 것이다. 후반부는 주관적 보편성이 모든 사람들에게 확장되어 현실화되는 객관적 보편성의 문제이다. 무엇보다도 중요한 것은 이처럼 안팎으로 열리는 새로운 세계가 주문·감화를 통하여 이루어진다는 사실이다.

따라서 십삼관법의 근본 바탕은 주문·감화관임을 알 수 있다. 그러면 의암이 제시해 준 십삼관법을 따라서 안으로는 하늘이 열리고 밖으로는 우주의 자연한 한 기운이 열리는 과정을 좀 더 세밀하게 살펴보자.

제2부

주문과 감화

주문은 수운이 하늘로부터 받았으니 하늘의 가르침이며 감화는 하늘이 감응하는 것이니 이 또한 하늘의 덕이다. 주문·감화의 제1관법은 하늘이 가르치신 그 길을 따라서 가면 반드시 하늘의 감응이 있음을 보는 것이다. 그러므로 이 제1관법은 천도의 길을 떠나는 첫 출발이자 근본 바탕이 된다. 주문을 통하지 않고 하늘의 감화를 받을 길이 없다는 점을 투철하게 보라는 것이 제1관법이다. 제1관법은 종교적 신앙이나 철학적 논리를 말하는 것이 아니라 직접 주문을 외워서 하늘의 감응을 직접 느끼는 수행을 말하고 있다. 이 점은 대단히 중요하다. 동학·천도교는 종교신앙이나 사변철학으로부터 출발하는 것이 아니라 주문을 통한 한울님과의 만남이라는 구체적 영적 체득에서부터 시작하기 때문이다. 그러므로 천도교 내에서는 흔히 '천도교를 한다'는 표현을 한다.

제3장 주문을 외우면 감화를 받는다

第1觀法 念呪觀 感化觀

천도를 얻는 길은 주문에 있다. 주문은 외우기 위한 것이므로 주문 외우는 것念呪이 천도를 얻는 길이다. 주문은 경신(1860) 사월 초오일에 수운이 한울님으로부터 받은 공부법이므로 한울님을 뵙고, 하늘을 깨닫고, 한울마음을 쓰려면 주문을 외우라고 하였다. 수운은 주문 13자가 만권의 책을 읽는 것보다 나으며 주문 21자 안에 도통하는 모든 절차와 도법이 있다고 하였다.

지기금지 원위대강 시천주 조화정 영세불망 만사지

至氣今至 願爲大降 侍天主 造化定 永世不忘 萬事知

주문을 외는 방법에는 두 가지가 있다. 하나는 마음속으로 13자를 조용하게 외는 묵송默誦이고 다른 하나는 입으로 소리를 내서 외는 현송顯誦이다. 묵송이 마음을 통하여 하늘의 고요에 빠져드는 길이라면 현송은 소리 진동을 통하여 하늘의 기운과 동조되는 길이다. 이 두 가지 공부법을 수운은 '수심정기守心正氣'

라 표현하였고, 의암은 '견성각심見性覺心'이라 하였다. 주문공부는 우리의 마음을 고요의 무한 바다와 합일시킬 수 있고 시작도 끝도 없는 우주의 무궁한 한 기운과 완전히 통하게 할 수 있다. 주문의 용어로는 전자를 천주를 모신다侍天主고 하였다면 후자는 조화에 합한다造化定고 하였다. 그러므로 마음을 고요하게 하여 한울마음을 얻고자 하거나 마음을 무궁한 한 기운에 통하여 우주기운을 자유자재로 쓰고자 원하는 사람은 주문을 외우라 한다. 수운은 하늘로부터 주문으로 사람을 가르치라는 이야기를 들었다고 말했다. 주문은 하늘에서 왔기 때문에 주문을 통하게 되면 하늘로 되돌아갈 수 있다는 것이다.

제1관법에 의하면 주문을 외우면 반드시 감화가 뒤따른다. 하늘이 반드시 느껴서 화하게 된다는 뜻이다. 주문을 외웠는데도 불구하고 아무런 변화가 없다면, 즉 감화가 없다면 이는 심각한 문제다. 물론 감화를 느끼기 위해서는 매우 민감한 마음이 필요하다. 상당 정도의 변화가 진행되지 않고서는 변화를 자각하기는 쉽지 않다. 그렇지만 면밀하게 보면 반드시 하늘과 주고받는 이치가 명확해지면서 하늘의 감화를 스스로 느끼게 된다.

하늘은 듣지 못하는 소리가 없으므로 하늘을 부르는데 감화가 없다는 것은 무언가가 잘못되었기 때문이다. 혹시 엉뚱한 이름으로 하늘을 부른 것은 아닌지 생각해 보아야 한다. 한울님은 아니 계신 곳이 없는데 주문을 통하여 한울님을 제대로 모셨다면 한울님께서는 감응을 아니하실 수가 없기 때문이다. 그러므로 주문을 외웠는데도 불구하고 감화가 없다면 근본 기초부터 반성하고 성찰하여 무엇이 잘못 되었는지 원인을 스스로 찾아서 고쳐 나가야 할 것이다. 자기 성찰을 하는 법이 관법인 것이다. 예로부터 자기 잘못을 고치는 사람보다 위대한 사람은 없다는 말이 전해지므로 관법을 통하여 부단하게 자기 수정을 하여 주문을 하면 그대로 감화가 오는 것을 보라는 것이 제1관법인 것이다.

하늘은 맑고 맑은 거울과 같아서 그 앞에 오는 것을 예외없이 비추어준다. 반영하지 않는 것은 거울이 아니듯이 감응하지 않는 것은 하늘이 아니다. 그러므로 잘못된 것은 언제나 사람이지 하늘이 아니다. 제대로 작동하지 않는다면 남을 탓하기 이전에 언제나 스스로 자기 자신을 되돌아보아야 한다.

만사가 한울님 감응

하늘의 감응과 관련하여 해월은 식고食告를 하여 하늘이 감응하는 것을 느낀 사람이 있느냐고 제자들에게 물었다. 제자들은 감응하시는 것을 느낀 적이 없다고 대답하였다. 그러니 해월은 먹고 싶은 생각이 드는 것이 곧 한울님이 감응하시는 것이라고 말씀하였다. 먹고 싶은 생각이 드는 것만 한울님이 감응하시는 것이 아니라 침이 나온다거나 손이 저절로 움직인다거나 하는 등의 현상도 한울님의 감응일 것이다. 마음이 민감해질수록 이 우주 간에 한울님 감응 아님이 없음을 깨닫게 될 것이다. 그러므로 주문을 지극 정성으로 하면 매매사사 한울님께서 밝고 밝게 언제나 감응하셔서 우리들을 부모님처럼 보살펴 주시고, 스승님처럼 가르쳐 주시고, 임금님처럼 생명을 보호해 주심을 알게 된다는 것이다.

수련의 길에 드는 처음에는 한울님께서 감응하시는 것을 느끼기 매우 어렵지만 주문을 외울수록 한울님과 주고받는 묘연한 이치를 혼자서 느껴 알아서 남모르는 미소를 짓기도 하며 남모르게 울기도 한다. 마음이 예민해지고 부드러워지면 하늘과의 주고받는 것을 불을 보듯이 확연하게 느끼기 시작한다. 점차 발전하여 그 감도가 100%에 이르면 우주 간에서 일어나는 모든 일을 다 느끼게 될 것이다. 즉, 주문의 표현으로 하자면 만사지萬事知하게 된다. 만사가 한울님 감응임을 알게 되는 것이다.

의암은 한울님과의 주고받는 이치를 공상空想, 감상感想, 각상覺想으로 나누어 말씀하셨다. 그 경지를 별빛, 달빛, 햇빛에 비유할 수 있다. 마음이 별이 뜬 밤처럼 보이는 정도, 달이 뜬 밤처럼 보이는 정도, 태양이 중천에 떠오른 정도로 마음의 경지를 비유하였다.

모든 생각과 모든 일들이 오직 한울님의 감응임을 온전히 깨달으면 한울님과 사람은 하나가 될 것이며, 반대로 나날이 마음이 둔해지면 나는 나고 한울님은 한울님으로 완전히 별개의 존재가 된다. 마음이 완전히 어두워지면 한울님마저 사라지고 오직 물질만이 존재하게 된다. 이렇게 되면 유물론자가 된다. 반대로 마음이 완전히 밝아지면 오직 한울님만이 존재하게 된다. 이 경지는 제2관법에서 다룬다. 마음이 한울님과 하나가 되어 완전히 밝아질 것인지 아니면 물질과 하나가 되어 완전히 어두워질 것인지는 전적으로 마음의 자유의지에 달려 있다. 수운은 주문으로 마음이 한울님과 하나가 되는 길을 밝혀 주었다. 누구나 주문을 통하여 마음이 대낮처럼 밝아질 수 있다는 것이다.

주문과 감화가 모두 한울님에게서 나왔기 때문에 이를 제대로 본 사람은 한울님의 덕화 속에서 살아가게 된다. 주문·감화를 제대로 보았다는 것은 주문을 한시도 떠나 보내지 않으며 한울님 감화를 언제나 느끼는 삶이다. 이렇게 된다면 십삼관법에서 가장 중요한 주문·감화를 성공적으로 관하였다고 할 수 있다. 이때 관한다는 것은 단지 바라보기만 한다는 것이 아니라 실제로 그렇게 된다는 뜻이다. 즉, 주문을 하여 하늘의 감응을 몸과 마음으로 감화를 받는다는 것이다.

한울님과 주고받는 극치에 이르면 사람은 천도와 하나가 되어서 살며, 한울님 성품이天性 되어서 살며, 한울마음으로天心 살며, 한울몸天體으로 살아가는 것이다. 이를 의암은 "지화지기 지어지성(至化至氣 至於至聖)"이라 표현하였다. 지극한 하늘의 기운이 되어서 지극한 하늘의 착함에 이른다는 것이다. 이렇게 되기 위해서는 마음이 오직 한울님과 스승님으로 가득 차 있어야 한다. 다시 말하자면 내 마음에 하늘이 가득 차 있어 자신은 사라지고 어느덧 하늘이 되어 버려야 하는 것이다.

이를 한 순간이라도 잊지 않고 지켜야 비로소 궁극의 경지에 이르게 된다는 것이다. 주문에서도 세상이 다하도록 잊지 말라永世不忘는 이유가 여기에 있다. 영세불망은 태어나 죽을 때까지 소중한 나를 떠나지 않듯이 태어나기 이전부터 죽은 뒤까지 영원히 존재하는 하늘을 잊지 말라는 가르침이다. 이런 하늘을 잊지 않으면 사람은 하늘이 되어 영생하며 우주만유에 통하여 모두 다 자신의 몸으로 느끼게 된다. 그때 비로소 유한 존재가 우주적 존재가 되어 우주와 더불어 영생하는 것이다. 이 몸이 영생하는 것이 아니라 이 마음이 한울마음이 되어 우주운행의 주인이 된다는 뜻이다.

주문은 어떤 절대자를 믿자고 하는 것도 아니며, 어떤 교리를 신봉하자는 것도 아니며, 어떤 조직체를 건설하자는 것도 아니다. 주문은 오로지 주문의 뜻대로 한울님을 모시고侍, 한울님의 조화기운에 통해서 합해지며定, 내 마음으로 한울님을 단 한 번도 잊지 않아 한울님과 한울님의 작용체인 우주만유를 남김 없이 알아 통하는知 것일 뿐이다.

잘못된 생각에서 쉽게 벗어나는 길

동학 이전의 모든 종교가와 철학가 그리고 자연주의자들은 진리를 각각 절대신과 인간 마음 그리고 자연에서 구하였으나 동학의 주문에 이르러 이러한 전통은 하나로 통합된다. 즉, 하늘이 곧 사람이며 사람이 또한 자연임을 알게 된 것이다. 수운은 "천지 역시 귀신이오 귀신 역시 음양인 줄 이같이 몰랐으니 경전 살펴 무엇하며"라고 하였다. 당신 자신은 하늘이 곧 사람이며 사람이 곧 자연인 줄 비로소 알게 되었다는 것을 이렇게 유가적 개념으로 표현한 것이다. 천지인이 하나로 관통된 것이다. 그러므로 천도교는 천지인 일원론이라 할 수 있다. 천주를 모신다는 것은 천국이나 극락의 어떤 절대자를 신봉한다는 것이 아니라 자기 안의 신령神靈이 깨어나 존재하며, 자기 밖의 우주기운과 하나로 통해지는 것外有氣化이며, 무슨 일이 있더라도 이 자리에서 잠시라도 벗어나지 않는 것各知不移이라고 수운은 주해를 달았다.

그러나 습관에 찌든 마음은 '천주를 모신다'고 하면 무심결에 허공의 어떤 절대자를 생각하거나, 성스러운 교당의 어떤 신상을 생각한다. 또한 '사람이 하늘'이라고 하면 습관된 아집에 사로잡힌 지금의 내가 곧 하늘이라고 생각하여 하늘과 땅과 다른 사람들 위에 군림하는 존재로 생각한다. 또는 자연이 하늘이라고 하면 자연 물질을 숭배하고 돈을 신전의 중앙 자리에 모시라는 소리로 듣는 사람도 있다. 이런 생각들을 망녕된 생각, 삿된 기운, 습관천, 물정심物精心, 세상인심, 미망심迷妄心이라 한다. 제1관법은 이런 잘못된 생각에서 벗어나는 길을 제시해 준다.

자연에 대한 잘못된 생각에서 벗어나면 어둠에서 빛나는 마음이 생겨나며, 사람에 대한 잘못된 생각에서 벗어나면 일체의 차별에서 벗어나 모두가 다 같은 한울마음이 열리며, 하늘에 대한 잘못된 생각에서 벗어나면 일체의 장애를 헌 옷처럼 벗어 버려 자유의 마음이 되게 된다. 그리 되면 자연사물은 하늘의 빛으로 빚어진 빛 덩어리이며, 사람의 마음은 인연에 따라서 나타난 하늘의 같고 같은如如 마음이며, 하늘은 일체 만사가 모두 스스로 말미암으니 오직 자유 그 자체임이 스스로 분명해지는 것이다. 의암은 이런 마음의 경지를 삼심관三心觀에서 잘 설명해 주고 있다.

수운은 한울님을 모셔서 자기 안의 '본래의 나'를 회복하라고 하며, 밖으로는 나의 몸을 포함한 우주만유를 만들어 낸 위대한 창조와 변화의 한 기운과 통해져서 머리터럭의 틈도 용납하지 말라고 한다. 하늘의 기운과 하나가 되면 이 마음은 우주조화의 주인공이 되어 마음으로 생각한 것이 형상을 갖춘 현실로 구현된다고 한다. 이를 '하늘의 덕과 합해졌다' 또는 '하늘의 마음과 합해졌다合其德定其心'고 수운은 주해하였다. 사람이 무위자연하는 자연과 똑같이 움직이게 되었다는 뜻이다. 자연을 움직이는 힘을 사람이 마음으로 움직이게 되었다는 뜻이다. 참으로 엄청난 일이다. 왜냐하면 이 사람은 하늘의 기운에 통하여 마음대로 자연을 움직일 수 있으니까 말이다. 사람이 이 엄청난 힘을 갖게 되어 온통 우주를 소란스럽게 하면 어쩌나 하는 걱정이 들 수 있다. 그러나 이는 기우에 불과하다. 왜냐하면 하늘의 마음과 하나가 된 사람은 어떤 경우에도 하늘의 뜻에 어긋나서 기적의 힘을 함부로 사용하지 않기 때문이다.

내가 한울님을 모시면 한울님께서 감화하셔서 우주자연을 움직이는 그 능력에 통하게 해 주시고, 내가 한울님을 잊지 않으면 한울님께서 자신의 도와 자신의 지혜를 그대로 내게 주셔서 나는 우주 간에 모르는 것이 없게 된다는 것이 영세불망 만사지(永世不忘萬事知)의 뜻이다. 주문을 하게 되면 한울님의 감화로 이런 일들이 자동적으로 된다는 것이다.

오직 대도의 근본을 확실히 뚫어야 한다

해월은 앞으로 사람들이 손바닥에 주문을 써달라고 몰려올 때가 있을 것이라고 하였다. 천도를 가르친다는 것은 주문 외우는 법을 가르치는 일 이외에 따로 특별히 할 일이 없다고 해도 과언이 아니다. 주문을 전해 주어 외우는 법을 가르쳐 드리면 나머지는 한울님의 감화로 저절로 되어간다고 하였다. 즉, "3·7자 전해 주니 무위이화 아닐런가"라고 수운은 강조하였다. 외우는 사람에게는 반드시 감화가 있으니 하늘의 보살핌으로 사람은 100년을 사는 존재가 아니라 우주가 태어나기 이전에도 있었으며 우주가 다 없어진 뒤에도 영원히 존재하는 영생의 존재가 된다고 하였다. 사람이 자연이 되기 때문이며 사람이 하늘이 되기 때문에 영생하는 것이다. 하늘처럼 영원무한하며 자연처럼 무궁한 사람이 되는 것이다.

인류사를 통하여 형성된 수많은 경전을 읽고 또 읽으면서 줄줄이 암송을 하고, 여러 가지 종교의 수많은 신상神像들을 세워 놓고 억천만 번을 절하고 숭배하더라도 하늘의 감화를 받을 수 없으며 오직 대도의 근본을 확실히 뚫어야 한다고 의암은 강조하였다. 대도의 근본은 오직 주문을 통하여 한울님의 감화로 나타나는 것이니 수운은 경신 사월 초오일에 한울님으로부터 받은 바이다. 그러므로 종교와 지식과 문화를 불문하고 하늘의 감화를 받고자 한다면 주문을 지성으로 외워야 할 것이다. 이것이 의암이 주문과 감화를 제대로 보라는 제1관법을 십삼관법의 머리맡에 둔 뜻이라 하겠다. 주문과 감화를 통하여 파천황적인 다시개벽이 이루어지는 것이다. 주문·감화를 기본 바탕으로 하여 의암 은 인류의 근본 문제에 대한 열두 가지 관법을 보여준다. 순서를 따라가면서 이 문제들이 자명해질 때까지 스스로 자기의 눈으로 보도록 하자.

제3부

나와 하늘

주문과 감화를 본 이후 의암은 '사람이 하늘'인 근본을 볼 것을 제시한다. 제2관법과 제3관법은 나와 하늘의 관계에 대한 관법이다. 나와 하늘을 있음과 없음의 두 가지로 보라고 한다. 제2관법에서는 먼저 하늘을 모시면 지금까지의 나는 사라지고 오로지 하늘만 존재하게 됨을 직관할 것을 제시한다. 선각자들은 대부분 하늘을 체험하면서 종교를 연다. 하늘의 절대성 앞에 '나'는 사라져 버린다.

제3관법에서는 그 정반대를 관해 보라고 한다. 즉, 있는 것은 오직 나이며 하늘은 없다는 것이다. 어찌하여 나만 있는 것일까? 대답은 간단하다. '하늘이라는 것도 본래 나'라는 점을 관하라는 뜻이다. 하늘이 창공이 아니라 '본래의 나'라는 점을 직시할 것을 요청하고 있는 것이다.

나와 하늘의 관계에 대하여 이 두 가지 관법만 있는 것이 아니라 나도 없고 하늘도 없다我無觀天無觀는 관법이 있을 수 있고, 나도 있고 하늘도 있다는我有觀天有觀 관법도 있을 수 있다. 그렇지만 이 둘은 생략이 되었다. 제4부에서 논하는 성심의 경우에는 성심性心의 유무 매트릭스의 4가지를 모두 다루고 있다.

제4장 나는 사라지고 오직 하늘만 있을 뿐이다
第2觀法 我無觀 天有觀

내가 사라지면 하늘이 드러난다. 하늘을 모신다는 것은 빈 허공의 절대자를 숭배하라는 것이 아니다. 천상의 옥경대에 상제에 절하는 것도 아니며 허공의 천국에 계신 절대신에게 굴종하라는 것도 아니다. 위에서도 보았지만 수운은 한울님을 모신다는 것은 내게 신령이 있음을 뜻한다고 분명하게 주해하였다. 내 안에 신령이 있으니 경외지심이 저절로 우러나오게 된다. 신령은 물론 기운과 함께 있다. 사람들이 한울님을 모신다고 표현하니 자꾸만 어떤 절대자를 떠받들어 모시는 것을 연상하므로 수운이 내유신령內有神靈과 외유기화外有氣化라고 주해한 듯하다. 이 주해를 따른다면 천주를 모신다는 것은 곧 내 안에 신령이 태어나고 내 밖의 우주기운과 통하는 것이다. 그 상태에서 한 걸음도 옮기지 말아야各知不移 비로소 천주를 모셨다고 할 수 있을 것이다.

해월은 한울님을 모시는 것은 부모를 모시는 것과 같다고 하였다. 그리하여 천지부모라 하였다. 보이지 않는 부모님과 보이는 부모님이 똑같다는 말씀이다. 그러므로 보이는 않는 부모님을 모시는 것을 곧 보이는 부모님 모시는 것과 똑같이 하라고 하였다. 그러나 보이지 않는 부모님은 보이는 부모님처럼 나와 동떨어져 따로 계시지 않는다. 즉, 천지부모는 육신의 부모님처럼 밖에 계신 것이 아니라 신령內有神靈과 기운外有氣化으로 계심을 명확하게 아는 것이 모심이 된다. 신령이 아버지라면 기운은 어머니로서 두 분 다 내 안에 계신다. 만약 이런 한울님을 높고 고상한 곳에 따로 계시는 절대자로 생각한다면 이전의 종교와 다를 바가 하나도 없다. 동학·천도교를 다시개벽의 학이자 종교라 하는 이유가 여기에 있다. 즉, 다시개벽이라는 것은 내 안에서 새로운 하늘이 열리고 내 안에서 새로운 기운이 열리는 것을 말한다.

의암은 "천도교는 천도교인만의 사유물이 아니요 세계 인류의 공유물이라"고 하였다. 이전의 종교와 완전히 다른 '신종교'라 하였다. 어떤 점에서 다르다는 것인가? 천도교는 자신만의 어떤 절대자를 만들어 숭배하고 떠받들어 모시는 종교가 아니라 자기 안에 신령과 기운으로 모시고 있는 한울님을 깨달아 받드는 종교이기 때문이다. 지금까지 어떤 이름의 신을 섬겼더라도 마음을 다시개벽하여 자기가 모시고 있는 본래의 신령과 본래의 기운을 회복하면 천도인이 되는 것이다. 그러므로 천도교는 천도교인만의 사유물이 아니라 자기 안의 신령과 한울기운을 회복하는 인류 전체의 공유물인 것이다. 종교라고 하지만 예전의 종교와는 완전히 다른 새로운 종교인 것이다.

자기 안의 신령과 기운을 나타내게 되면

자기 안의 신령과 기운을 나타내면 지금까지의 작은 나는 사라지고 신령적 존재가 새로 태어나는 것을 하늘이 열렸다고開 말하고, 내 안에서 한울기운이 열리는 것을 땅이 열렸다闢고 말한다. 한마디로 하면 한울님을 모셨다고 말한다. 한울님을 모신다는 것은 지금까지의 작은 내 안에서 새로운 신령과 새로운 한울기운이 열리는 것을 뜻한다. 이렇게 되면 있는 것은 오직 하늘의 이치와 기운뿐, 나는 없어진다.

아집我執이 존재하는 한 하늘이 들어올 자리가 없다. 내가 사라져 없는 허공의 자리를 빈틈없이 꽉 채우는 것이 하늘이다. 오직 하늘만 존재할 뿐 그 어떤 존재자들도 없다. 공연히 아집을 내세워 쓸데없는 주장들을 만들어 내지 말아야 한다. 세상에 넘치는 것들이 주의주장이요, 오직 말없이 존재하는 것이 천도天道이다. 길거리의 소음이 높아질수록 사람들은 고요한 연못과 조용한 정자가 있는 산속을 그리워한다.

묵송默誦을 통하여 우리는 이 비고 고요한 자리에 들게 된다.

옛날 성현들은 이 자리를 빌 허虛, 빌 공空, 없을 무無 등의 개념으로 표현하였다. 이 고요의 자리, 빈 자리에 이르지 않고서는 하늘을 알았다고 할 수 없다. 뭔가 깨달았다거나, 뭔가 알았다거나, 뭔가 잡았다거나 한다면 아직 갈 길이 멀다. 자기 생각으로 조금 안 것을 가지고 사람들을 현혹시키지 말라고 수운은 경계하였다. 무엇인가를 찾고자 하는 마음이나 무엇인가를 이루려는 생각이나 무엇인가를 얻으려는 마음이 있다면 아직 마음이 빈 그곳에 이르지 못한 증거이다.

세상을 움직이는 것은 온통 권력 의지들이다. 한울님을 위하는 것이 아니라 대의를 핑계로 오로지 사리사욕私利私慾을 실현하기 위한 욕망 의지들이 난무한다. 채워지지 않는 이러한 갈증들이 사라질 때 마음은 비로소 고요가 무엇인지 비움이 무엇인지 느끼면서 편안해진다. 그러나 그런 날은 올 것 같지가 않다. 그냥 이렇게 빗발치는 소음들과 난무하는 권력 의지들 그리고 폐부를 꿰뚫는 사리사욕들의 늪에서 허우적거리다가 침몰할 것만 같다. 불안감이 앞서고 두려움이 솟구친다. 그렇지만 조용히 앉아 마음을 들여다보면, 들끓던 마음의 파도들이 거짓말처럼 잦아들어 어느 날인가는 반드시 텅 비어 버리는 고요의 즐거움을 맛볼 수 있을 것 같은 희망도 생긴다.

없는 것도 아니며 있는 것도 아닌 경계

그러나 단지 비우는 데 그쳐서는 안 된다. 한 걸음 더 나아가이 허·공·무虛空無라는 것까지도 사라지고서야 비로소 이르렀다 말할 수 있다. 그러므로 허도 아니며非虛, 공도 아니며非空, 무도 아니라는非無 표현이 나온다. 뭔가 아니라고 하면 아닌 것이 있지나 않을까 생각할까 싶어 한번 더 부정하기도 한다. 즉 비무非無도 아니라고 하는 것이다. 한자로 표현하면 비비무非非無. 뭔가를 주장하려고 하면 계속 그것이 아니라고 하는 것이다. 유무의 경계가 마음에서 완전히 사라지고서야 비고 고요해졌다고말할 수 있겠다. 불가에서는 비비상처非非想處라고 말하기도 한다. 먼지 티끌 하나도 날아오르지 않고 사념 하나도 피어오르지 않아 일체가 죽음의 적막에 잠겼지만 그 가운데 홀로 깨어 있으니 없는 것도 아니며 있는 것도 아닌 경계이다. 이 경지의 마음을 의암을 '자유심自由心'이라 불렀다.

하늘이 있다는 것은 모든 개별 존재자들이 사라지고 난 뒤 고요해지고 하나로 통일된 그 경지를 묘사하기 위함이다. 있다고하면 마치 현상계의 어떤 사물이 있는 것처럼 상상하지만 하늘이 있다는 것은 하늘이라는 어떤 것이 있는 것이 아니라 위에서설명했듯이 모든 것이 사라지고 비고 고요할 뿐이라는 것이다. 한 생각도 일어나지 않지만 오히려 의식은 빛나는 별처럼 깨어 있으니 없으면서 있는 묘한 경계를 어찌 말로 표현할 수 있겠는가! 오직 바라볼 뿐이다.

'나는 없고 하늘이 있다'는 것을 보라는 것은 상식을 뒤집으라는 요청이다. 볼 수도 없고, 들을 수도 없고, 만질 수도 없고, 느낄 수조차 없는 하늘을 보라고 하는데 참으로 난감한 일이다. 하늘의 침묵을 어찌 느낄 수 있단 말인가? 자꾸만 비우라고 하니 끝이 없는 침묵에 빠져 헤어나질 못하는 구도자들이 적지 않다. 공에 빠져 버리게 된 것이다. 허공무에 빠져 허무주의자가 되어 버리면 갈 길이 요원해진다. 더 이상의 구도의 걸음이 불가능해지는 것이다. 허공무에 빠지지 말라는 의미에서 '하늘은 있다'는 화두의 뜻을 관하는 것이 공부에 도움이 된다. 하늘은 비록 침묵하시지만 존재하고 계신다. 그러므로 허무주의자가 되거나 무신론자로 빠지는 것은 바른 길이 아니다. 허공무에 빠진 사람들을 만나기는 크게 어렵지 않다. 공에 빠지지 않고 내가 없다는 말을 바라보도록 해 보자.

'나'는 선별적 집착과 형상에 불과한 것

내가 없다는 것을 어떻게 볼까? 나를 자세하게 들여다보아 내가 사라지는 것을 또렷하게 체험해야 내가 없음을 제대로 보게 된다. 도대체 나라는 것이 무엇일까? '내가 누구냐' '이 뭐꼬'라는 간화선의 화두는 대부분 사람들이 한 번쯤은 들어서 잘 알고 있다. 이 화두에 입각하여 나를 한번 들여다보아 참으로 자신이 누구인지를 체득해 보아야 한다.

마음으로 몸으로 얻기 어려우니 자꾸만 말로 설명하려고 한다. 여기에서도 우리들이 흔히 빠지는 '나'라는 것이 정말로 있는 것인지 말로 설명할 수밖에 없다. '나'를 관하여 환해지면 무슨 말이 필요하겠는가. 그렇지 못하니 말이 길어지게 된다.

'나는 누구인가'라고 자문하면 가장 먼저 떠오르는 것이 성씨와 이름이다. 그렇지만 나의 성은 아버지로부터 물려받았지만 알고 보면 어머니의 성도 들어 있다. 나는 '오'가冊라고 하지만 외가 쪽의 '노'가는 배제되고 부계만 성으로 이어졌다. 성씨는 실제의 생물학적 유전자를 대변하지 못한다. 그러므로 이름은 단지 이름일 뿐이다.

이 '나'라는 존재를 추상적으로 생각하면 기억의 다발로 정의할 수 있다. 숱한 기억들의 집합체로서의 나는 복합물이다. 그렇지만 이 복합물을 '나'라고 하는 의식에 의하여 통합되어 있다. 그러나 그 통합은 숨이 끊어지면서 끝나고 만다. 불가에서는 윤회를 말하면서 이 '나'는 계속된다고 한다. 현생과 내생을 통합할 수 있는 사람이라면 전생도 '나'요 내생도 '나'라고 말할 수 있겠지만 그렇지 않은 사람들에게는 과거는 과거고 미래는 미래일 뿐이다.

기억의 다발들을 묶고 있는 개체의식을 보통 사람들이 생각하는 '나'라고 본다면 이 '나'를 불가용어로는 아집我執, 아상我相으로 부를 수 있다. '오'가라는 성이 나의 생물학적 실상을 반영하기보다는 하나의 이름에 불과하듯이 이 '나'라고 하는 개체의식도 하나의 이름에 불과하다. 아집我執이나 아상我相이라고 하는 것은 수많은 일들에 대한 자아의 선별적 묶음과 집착에 의하여 만들어진 하나의 상일 뿐이라는 뜻에서 붙여진 이름이다. 그러므로 '나'는 선별적 집착과 형상에 불과한 것이다. 나의 성씨가 가부장제의 산물이듯이 나의 의식 또한 특정한 전통을 가지는 정신문화의 유산일 따름이다.

'나'라고 하는 것이 붙여진 이름표에 불과하다면 '본래의 나'는 어떤 존재인가? '본래의 나'는 이름표에 불과한 나에 가려져 있기 때문에 먼저 이 '나'라는 장애물을 넘어서야 '본래의 나'를 만날 수 있다. '본래의 나'가 되지 않고서는 아무리 많은 말로 묘사하더라도 말에 불과하기 때문에 마음공부라고 한다. 마음이 직접 그렇게 되어야 알게 된다는 것이다.

쉬임없이 솟아나는 이 생각들은 도대체 어디로부터 온 것인가? 사람들이 대부분 '나'의 생각, '나의 의식' 등으로 말하지만 실상 이 모든 생각들, 의식들의 주인공은 '나'인가? 대부분의 사람들이 이 생각들의 주인공이 '나'라고 생각하지만 그렇지 않다고 생각한 성현들이 많이 있다. 내 생각의 주인공이 '나' 이외의 다른 존재라는 것은 실상 이해하기 매우 어렵다. 그렇지만 우리보다 앞선 구도자들은 내 생각의 주인공은 자신이 알고 있는 '나' 이외의 다른 존재라 하였다. 중국 선불교를 열었다고 평가받는 6조 혜능의 이야기는 통하여 이 문제를 한번 보자.

모든 존재들에게 통하는 완전히 열린 마음

혜능은 무식한 나무꾼이었는데 어느 날 금강경 독송 소리에 깨친 바 있어 출가하여 대각을 하였다고 한다. 혜능을 불가로 이끌어간 금강경의 유명한 구절이 '머무는 곳이 없는 데로부터 그 마음을 낸다應無所住生其心'는 구절이다. 수많은 생각들의 주인공은 머무는 곳이 없다는 것이다. 즉, 머무는 곳이 없는 그곳에서부터 수많은 생각들이 쏟아져 나온다는 것이다. 일정하게 머무는 곳이 없는 그곳은 어느 곳을 뜻하는가? 불가에서는 흔히 불성佛性 또는 자성自性이라고 표현한다. 그렇지만 불성이나 자성이라는 것이 어떤 체가 있는 것이 아니기 때문에 공空이나 무無과 같은 말로 표현하기도 한다. 즉, 수많은 생각들의 근원처는 내가 아니라 바로 불성, 자성, 공, 무 등이라는 것이다. 그 자리는 어떤 고정된 것이 아니라는 것이다. 그 머무는 곳이 없는 그 물건이 진실로 나의 주인공이라는 것이다.

혜능은 「무상송無相頌」에서 "보리菩提는 본래 자성인데 마음을 일으키니 거짓(菩提本自性 起心卽是妄)"이라고 하여 고요하면 본래 청정한 마음인데 생각을 일으키니 망상에 빠지게 된다고 하였다. 본래는 자성이며, 불성이며, 본성이지만 많은 생각들을 일으켜 망상에 스스로를 얽매어 사니 이것이 세상을 사는 '나'라는 것이다. 그렇지만 마음을 그 본래 온 원천으로 되돌려 비고 고요하게 되면 상相 없이 머무는 곳이 없는 곳에 이르게 된다는 것이다. 그곳에 이르면 '나'라는 상은 사라지게 된다. 불가에 의하면 '나'라는 상이 사라진 마음이 진짜 나의 마음이라는 것이다. 이것이 해탈이며 만상의 실상이라고 한다.

공자는 자신의 공부는 '나를 위한 공부爲己之學'라 하였다. 이것이 곧 성인의 학문이라고 하고 '혈구지도絜矩之道'라 한다. 혈구란 직각을 잴 수 있는 'ㄱ'자로 건물을 지을 때 사용한다. 이 자가 제대로 되어 있지 않으면 올바른 건물을 지을 수 없듯이 '내'가 똑바르지 못하면 이상적인 정치 공동체를 제대로 건설할 수 없다는 것이다. 공자는 먼저 '나'를 바로 세워 이상적 공동체를 건설하고자 하였던 것이다. 그렇다면 어떻게 하는 것이 올바른 '나'인가? 공자의 대답을 모르는 사람은 거의 없지만 '어질다仁'는 것이 무슨 뜻인지 정확하게 전달하는 사람은 의외로 적다. 맹자는 어린아이가 우물가에 있을 때 누구나 그 위험으로부터 어린아이를 구하려는 '측은지심惻隱之心'이라 하였다. 증자는 '내 마음의 중심이자 다른 사람을 용서하는 마음忠恕'이라 하였다. 「중용中庸」은 범속한 일상사 속에서도 그 중심을 잃지 않는 마음이며 진실하여 거짓이 없는 '정성誠'이라 하였다.

이러한 개념들은 조선조의 일상용어였으며 지금도 대부분 잘 알고 있는 내용이다. 그렇지만 한자가 우리말과 다르고 한자문화권과 소원해졌기 때문에 이러한 말로는 어짊이 어떤 마음인지 선뜻 다가오지 않는다. 위에서 나열했던 개념들을 조금 풀어보면 어진 마음이란 조그만 '나'에 갇힌 마음이 아니라 모든 존재들에게 통하는 완전히 열린 마음임을 알 수 있다. 통해져 있기 때문에 다른 사람의 아픔을 자신의 아픔으로 느끼는 마음, 다른 사람의 슬픔을 자신의 슬픔으로 느끼는 마음이라 할 수 있다.

어진 마음을 충서忠恕라 함은 어짊이 내 마음의 중심이며 언제 어디서나 이 마음을 잃지 않을 뿐만 아니라 남과 같은 마음이 되어 모든 것을 이해하고 용서하는 마음이라는 것이다. 어진 마음은 진실되어 속이지 않고 언제나 깨어 있어 언제·어디서나 그 중심을 잃지 않는 마음이라는 것이다. 또한 누구라도 위험에 처하게 되면 생각 이전에 먼저 몸을 자동으로 움직여주는 마음이라는 것이다. 생각하기 이전에 몸이 먼저 움직이는 것은 마음기운이 하나로 통해 있어 타자의 위험이 곧 나의 위험으로 느껴지기 때문일 것이다. 공자는 이 마음을 확충하여 사회를 이루고자 하였다.

그리하여 어짊이 부모에게 향하면 효도가 되고, 형제에게 향하면 믿음이 되고, 사회에 향하면 의리가 되고, 임금에게 향하면 충성이 된다고 하였다. 이런 열린 마음을 쓰는 사람을 대인大人이라 하고 그렇지 못한 사람을 소인이라고 불렀다. 그리하여 유가는 우주 만유가 하나도 예외없이 곧 자기자신이라는 대동大同에 이르기를 추구한다. 이 대동의 꿈은 어진 마음이 있기에 가능할 것이다. 모두가 본래 하나의 마음을 회복한다면 우주가 나와 같을 것이다. 이 점에서 어진 마음이란 불가의 자성自性과 별반 다르지 않다.

인류사의 수많은 생각들을 하나로 관통

불가와 유가는 사람들이 그토록 집착하는 '나'를 벗어나서 본래의 한울마음이 되기를 요청하고 있는 것이다. 불가가 네거티브 방식으로 나를 해체하는 전략을 사용하는 반면 유가는 포지티브 방식으로 나를 확장하는 전략을 강조한다는 차이만 있을 뿐 우리들이 일반적으로 '나'라고 하는 존재보다 더 근원적인 '본래의 나'의 마음을 회복하여 쓰자는 점에서는 일치한다.

그 '본래의 나'를 찾아서 '나'를 떠날 것이 아니라 '안'을 유심히 살피라는 것이다. 그러면 그곳에서 새로운 나를 만나게 될 것이라고 한다. 그 새로운 나를 불성佛性이나 천성天性 등의 개념으로 표현한다. 이것이 나의 근본이라는 것이다. 이것이 나의 본래라는 것이다.

조선조 오백여 년에 걸쳐서 성리학자들은 이 '근본의 나'와 '세상의 나'와의 관계를 '사단칠정론四端七情論'이니 '인심도심론人心道心論'이니 하여 논쟁하였다. 물론 인심도심은 동양문명의 출발점이라고 할 수 있는 요·순·우堯舜禹 임금이 마음으로 서로 전했다고 하는 심법(人心惟危, 道心惟微, 惟精惟一, 允執厥中)에서도 나타나고 있는 오래 된 문제이다. 고려와 신라시대에는 수많은 승려들과 학자들은 이 근본적 나를 불성 또는 자성自性이라 하여 팔만대장경을 통하여 설명하려고 하였고, 멀리 인도까지 가서 그 도를 구하기도 하였다.

의암은 이러한 선현들의 노력들을 한마디로 압축하여 '나는 없고 하늘이 있다'는 제2관법을 통하여 실상을 보고, 본래를 보고, 진면목을 보라고 하는 것이다. 제2관법에 통하게 된다면 불가와 유가뿐만 아니라 인류사의 수많은 생각들을 하나로 관통할 수 있을 것이다.

불가에서는 깨달음Bhuddi이나 니르바나Nirvana가 참으로 존재하는 것이며 인연을 따라서 태어났다가 사라지는 세상은 환영의 꿈에 불과한 것으로 본다. 역설적으로 들릴 수 있지만 적멸寂滅의 무아無我야말로 참나라고 말하는 것이다. 그러나 이 존재는 인과를 떠나서 따로 있는 것이 아니라 인과를 관觀할 때 나타나는 참된 모습이다. 그러므로 불가에서 말하는 것처럼 참존재가 생멸의 인연계를 떠나서 다른 곳에 있는 것도 아니다. 유가식으로 표현으로 하자면 기氣를 떠나서 다른 곳에서 리理를 찾는 어리석음을 비판한 율곡의 주장이 떠올려진다. 리가 기를 떠나서 따로 존재하는 것이 아니라 리는 순연純然한 기일 뿐이라는 이야기와도 같다. 일반적으로 회자되는 「시경詩經」의 구절을 따른다면 하늘을 나는 솔개도 연못에서 뛰어오르는 물고기도 모두 다 하나의 이치기운에 통하여 있는 것이다.

음양의 기운을 그 끝까지 보면 결국 하나의 혼원한 기운을 보게 되고 진정으로 있는 것은 이 혼원한 한 기운混元一氣이며 음양 두 기운은 사라져버린다는 뜻이다. 그리고 이 혼원한 한 기운은 곧 천리이기 때문에 리기는 본래 하나이며 참으로 존재하는 것은 바로 이 천리라는 것이다. 동학에서는 순연한 하나의 하늘의 기운을 지기至氣 또는 혼원일기混元一氣라 한다.

요·순·우가 상통한 심법이라고 하는 '유정유일惟精惟一 윤집궐중允執厥中'은 혼란해지고 위태롭게 된 인심을 집중하여 자세하게 바라보아 흔들리지 않고 그 중심을 잡으라는 것이다. 그 중심을 잡게 되면 어찌 될까? '하늘이 있음을 보아야 할天有觀' 것이다. 하늘이 있음을 본다는 것은 창공이 있음을 보는 것이 아니라 도심道心을 보고 도심을 쓰라는 뜻이다. 그렇게 되면 위태롭지도 않으며, 흔들리지도 않으며, 어지럽지도 않은 본래의 근본에 자리하여 만리만사를 올바르게 처변할 수 있을 것이다. 이러한 마음을 써서 모든 사람들에게 베풀면 성인의 정치 또는 도덕의 정치라는 것이 이루어진다.

완전히 새로운 마음을 가진 인간

천도교에서 수운을 천황씨로 부른다. 동양문명의 첫날을 연 천황씨와 같이 새로운 하늘을 새로이 열었기 때문이라고 한다. 새로운 하늘을 열었다는 것은 무슨 의미인가? 자기 안의 하늘을 깨달아 스스로 한울사람임을 알았다는 뜻이다. 사람마음이 아닌 한울마음이 된 최초의 사람이므로 아버지 없는 최초의 아버지라고 하는 것이다. 예전에는 이런 정신을 가진 사람이 없다가 새롭게 태어났기 때문이다. 마음이 바뀌면 최초의 새 사람이다. 완전히 새로운 마음을 가진 인간이 탄생하였으므로 아버지가 없는 최초의 인간인 것이다.

천도교에서 강조하는 새 사람이란 어떤 사람인가? 바로 근본의 나를 찾은 사람이며, 불성을 깨달은 사람이며, 천명을 받은 사람이며, 그 중심을 잡은 사람이라고 하겠다. 그 이전의 사람과는 완전히 다른 새로운 사람이므로 아버지 없는 최초의 사람이라고 할 수 있다. 이 일은 5만년 전 호모 사피엔스 사피엔스가 태어난 것과 같은 문명사적인 의미를 가지는 새로운 인종의 탄생 첫날이라 하겠다. 수운은 동학을 오만년 무극대도라고 하였다. 즉, 향후 5만년을 이끌어가는 새로운 인종의 탄생이며 새로운 문명의 길이라고 하는 것이다.

제2관법을 통하여 나는 사라지고 하늘만 남게 된다. 이는 생멸의 인연이 본래 비고 고요함을 아는 것이요, 활활발발한 기운 작용 안에 천리가 타고 있지 아니함이 없음을 아는 일이요, 음양의 대대待對적 상호 관계를 통한 만물의 형성과 소멸의 근원에는 하나의 혼원한 기운이 있으며 이 혼원한 한 기운이 곧 무극한 대도임을 체득하는 일이다. 마음이 이 자리에 이르면 나는 흔적도 없이 사라지고 오직 무극無極한 하늘만 가득함을 마음의 눈으로 보라는 것이 제2관법이다.

제2관법을 통하여 사람은 다시 태어난다. 자연과 인간의 세계에서부터 신의 세계로 들어가는 것이요, 육신과 마음의 세계에서 성품의 세계가 열린 것이며, 감각과 사유의 세계를 넘어서서 영靈의 세계를 보는 것이다.

지금까지의 세계가 작고, 비천하고, 어두웠던 데 반하여 새로 열린 세계는 무한히 크고, 더없이 성스럽고, 밝고 밝은 세계임을 알게 된다. 눈부신 빛 때문에 지금까지 보았던 세상이 하루아침에 무너져 버리고 만다. 벗어날 수 없을 것만 같았던 생로병사의 수레바퀴에서 해탈한 것이다. 중력과는 비교도 되지 않을 정도로 나를 짓누르고 압박하던 기운으로부터 자유롭게 된 것이다. 한 생각이 일어나면 다음 생각이 파도처럼 밀려오던 사념의 고리를 끊어 버린 것이다. 고래심줄보다도 질긴 인연의 끈을 단칼에 잘라 버린 것이다. 보고 또 보아서 '나는 없고 하늘은 있다'는 관법이 저절로 밝아질 때까지 보고 또 볼 일이다.

제5장 우주만유가 모두 나다

第3觀法 我有觀 天無觀

해월은 "마음을 믿는 것은 곧 하늘을 믿는 것이요, 하늘을 믿
는 것은 곧 마음을 믿는 것"이라 하였다. 제2관법에서는 있는 것
은 오직 하늘뿐이었다면 제3관법에서는 있는 것은 오직 '나' 뿐
이다. 우주 삼라만상이 있다고 하지만 이는 육안으로 볼 때의 일
이며 한울마음으로 볼 때 있는 것은 오직 '나' 뿐이다. 물론 이때
의 '나'는 유한의 '나'가 아니라 '무한의 나'이며 '근원의 나'이
며 '본래의 나'이다. 이 '본래의 나'란 우주 삼라만상을 모두 다
자신으로 보는 존재이다. 머리카락 하나를 뽑아도 아픔을 느끼
듯이 '근원의 나' 또는 '본래의 나'는 잡초 하나를 뽑아도 아픔
을 느끼는 존재이다. 왜냐하면 이 나는 우주만유에 통하지 아니
하는 곳이 없는 한마음이 되어 버렸기 때문이다. 나의 마음이 내
온 몸에 통해 있듯이 한마음은 우주만유에 다 통해 있기 때문에
해월은 나뭇가지도 함부로 꺾지 말고 물도 멀리 뿌리지 말라고
하였다. 또한 땅에 침을 뱉는 것은 천지부모님 얼굴에 침을 뱉는
것이라고 하였다. 나아가 땅을 어머니 살처럼 여기라고 하였다.

이런 말을 할 수 있는 것은 해월은 이미 우주만유와 한 몸이 되었기 때문일 것이다. 해월은 한 어린아이가 나막신을 신고 마당을 재빨리 지나가자 가슴을 쓸어내렸다고 하는 유명한 일화를 남기고 있다. 땅의 아픔을 내 가슴의 아픔으로 그대로 느꼈던 것이다.

산새들과 산짐승들이 밤이 되면 편안하고 따뜻한 잠자리를 누구보다도 잘 알고 찾아온다. 풍수를 몰라도 그곳에 가면 마음이 저절로 편안해진다. 자연 파괴의 아픔을 자신의 온몸으로 아파하는 사람들이 적지 않으며 자연에서 도를 깨달은 시인들의 시는 어떤 시보다도 마음에 감동의 물결을 불러일으킨다.

우리는 서로 연결된 하나의 존재

아장아장 걸어가던 어린아이가 넘어지는 것을 보면 나의 무릎과 뼈마디가 온통 시큰거리는 것도 마음이 하나로 통해 있기 때문이다. 어머니가 감기 걸리면 자녀들이 그대로 감기에 걸리는 것도 마음이 하나로 통해 있기 때문이다. 순식간에 상대방의 매력에 빠져 버려 자신의 목숨까지도 희생하는 연인들도 이미 한 마음이 되었기 때문일 것이다. 물에 빠진 사람을 구하기 위하여 앞뒤를 보지 않고 물로 뛰어드는 사람의 이야기와 불 속을 아랑곳하지 않고 뛰어들어 사랑하는 자식과 부모를 구해 내는 사람들의 이야기를 신문과 방송에서 흔히 보고 듣는다. 타자의 아픔을 자신의 아픔으로 느끼면서 오직 남을 위한 숭고한 삶을 바치는 사람들 앞에서는 고개가 저절로 숙여진다. 이런 일이 가능한 것은 오직 마음이 하나로 통해 있기 때문일 것이다. 이렇게 한울님 마음을 가진 사람들을 보면 자신도 모르는 사이에 두렵고 공경하는 마음이 생긴다. 이런 외경畏敬의 마음이 없이 머리로 아무리 많은 것을 알아도 참으로 아는 것이 아니라는 것이 수운의 가르침이다.

아픈 사람의 피눈물을 느끼지 못하는 사람은 돌멩이와 다를 바 없다. 기쁜 사람의 기쁨도 함께 하지 못한다면 이 또한 타버린 재와 다를 바가 무엇인가! 즐거움이란 나누는 데서 온다. 아픔과 기쁨을 느끼는 정도가 가까운 이웃에만 한정되는 것이 아니다. 정상인이라면 텔레비전에서 참혹한 전쟁의 현장을 볼 때나 아프리카 오지의 굶주린 어린아이를 볼 때면 가슴이 미어지고 눈물이 앞을 가리게 된다. 이를 인지상정이라고 한다. 우리는 서로 연결된 하나의 존재이다. 그 근원에서 '본래의 나'로 모두가 연결되어 있기에 감동이 있는 것이다. 이런 마음을 알게 되면 의암이 왜 위위심이 생기니 하늘과 땅이 생기고 사람도 생기고 나아가 도도 생겨나게 되었다고 말하는지 알게 된다. 처음이 시작되기 이전에도 오직 한마음이 있었으며, 지금에도 오직 한 마음이 있으며, 마지막 이후에도 오직 한마음이 있을 뿐이다. 우주 탄생은 저절로 일어난 일이 아니라 한울님의 위하고 위하는 마음으로 말미암은 것이다.

마음이 우주 전체로까지 확장되었을 때 우리는 우주만유를 나 자신으로 느끼게 된다. 손주의 모습에서 자신의 모습을 느끼는 할아버지 할머니처럼 우주만유의 모습에서 자신을 느끼고 천지를 자식으로 보는 부모의 마음이 되는 것이다. 그렇게 되면 모두가 나일 뿐이다. 이 천지부모의 마음에는 천지의 어느 것 하나도 다 눈에 넣어도 아프지 않을 내 자식이다. 그러므로 이런 마음에는 하늘이 따로 존재하지 않으며 모두 다 내 자식일 뿐이다. 자식은 나의 분신이므로 좀 더 나아가면 우주만유가 오직 나 이외에 다름이 아님을 느끼게 된다. 이런 마음이 생기면 다른 존재자들에게 해를 끼친다는 일은 상상조차 할 수 없다. 내 몸을 내가 어찌 상하게 할 수 있겠는가? 차마 하지 못할 일이다. 내가 내 몸을 의식하여 보살피지 않듯이 근본의 나, 본래의 나는 우주만유를 의식하지 않고서 저절로 보살피게 된다. 이를 하늘의 덕이라고도 하며 무위이화無爲而化라고도 한다.

하늘은 만유를 낳고 기르지만 낳고 기른다는 의식을 하지 않으면서 무진장의 덕을 베푼다. 그저 그렇게 할 뿐이다. 무위이화로 천덕을 베푸는 것이다. 이 위대한 존재는 남을 위하여 산다는 의식도 없다. 늙고 병든 육신을 이끌고 지하철 계단을 힘겹게 오르내리면서 남들의 힘들고 어려운 일들을 자상하게 보살피고 도와주면서도 "내 일을 내가 할 뿐이다"라고 말씀하신다. 남이란 없으며 모두가 '나'로 느껴지는 것이다. 이렇게 되면 세상을 위하는 마음, 남을 위하는 마음, 하늘을 위하는 마음은 본래 나를 위하는 마음이라는 점이 뚜렷해진다. 나만이 존재할 뿐이며 남은 존재하지 않는다. 그러므로 심지어 하늘까지도 존재하지 않음을 바라보라는 것이 제3관법이다. 모두가 '본래의 나'이자 '근본의 나'인 것이다. 그러므로 의암의 표현처럼 나는 천만년 전이나 천만년 후나 같은 사람인 것이다. 억억만년이 이 나로부터 시작되었고 억억만년이 이 나로부터 끝난다고 하겠다.

새로운 길이며, 새로운 법이며, 새로운 소식

이러한 '본래의 나'를 옛사람들은 대인大人, 성인聖人, 부처 Buddha, 그리스도Christ 등으로 불렀다. 이 대인은 천지와 똑같은 덕을 베풀며, 일월과 똑같이 밝으며, 귀신처럼 불행과 행복을 마음대로 하신다고 역易에서는 묘사하였다. 탁월한 묘사라 아니할 수 없다. 뭇 생명들이 대인의 덕에 의지해서 살아가며, 모든 빛이 대인의 마음으로부터 나오며, 모든 행·불행이 오직 대인의 마음 씀씀이에 의하여 이루어지는 것이다. 대인은 뭇 백성들에게 도덕의 교화를 베풀어 사람다운 삶을 살게 되었고 각자의 능력에 적합한 직업을 가지게 되어 풍족한 삶을 살게 되었다. 그리하여 도덕문명을 꽃피웠던 것이다. 이 부처는 뭇 중생들을 생사의 고통의 바다에서 건져내어 적멸寂滅의 열반涅槃으로 안내한다. 이 그리스도로 말미암아 부자유의 굴레에서 벗어나 자유의 천국에 들어가게 된다.

그러므로 천덕과 천명天明을 찾아서 헤맬 필요가 없으며, 귀신과 마귀를 두려워할 필요가 없으며, 도덕문명을 구현하기 위하여 세상의 군주를 찾아다닐 필요도 없으며, 고통과 불의의 세계에서 해탈·해방하는 극락과 천당을 찾아다닐 이유가 없다. 왜냐하면 이 모두가 대인인 '본래의 나'로 말미암은 것이기 때문이다. 그러므로 이 모든 것들을 찾아서 그 먼 여행길을 다녀온 구도자들은 오직 '본래의 나'를 제대로 바라볼 일이다. 피눈물의 고행으로 얼룩진 구도자들의 갈증이 모두 이곳에서 해소될 것이다. 그리하여 다시는 엉뚱한 길을 떠나지 않을 것이다. 행복을 가져다주는 것은 대인, 성인, 부처, 그리스도이므로 이 사람을 떠나서 따로 무엇을 찾을 것인가? 이 사람이 곧 길이요, 진리요, 생명이므로 이 사람을 떠나는 것은 길에서 벗어나는 것이며, 진리를 배반하는 일이며, 생명을 죽이는 짓이다. '본래의 나'에게 깨달음이 있으며 구원이 있으며 열반이 있다. 따로 하늘을 구하지 말아야 할 것이다. 예전에도 없었으며 앞으로도 없을 전대미문의 새로운 길이며, 새로운 법이며, 새로운 소식이다.

하늘을 허공에 붙이거나 교당의 벽에 붙이거나 상징에 붙이거나 생각에 붙이는 일체의 일들은 모두 미신일 따름이다. 하늘은 허공에 있지 아니하며, 하늘은 교당의 벽에 있지 아니하며, 하늘은 어떤 상징에 있지 아니하며, 하늘은 어떤 생각에 있지 아니하다. 하늘은 오직 '본래의 나'에게 있으니 여기로 돌아와야 한다. '본래의 나'를 떠난 다른 곳에서 하늘을 찾고자 하는 미망의 마음에서 빚어진 어리석음을 끝내고 위대한 선각자들이 한결같이 가르쳤던 진리로 돌아와야 할 것이다. 천지가 태어나서 일찍이 없던 일이므로 후천개벽이라 하며 다시개벽이라 하는 것이다.

하늘이 없음을 보라는 것은天無觀 지금까지의 미망의 역사를 끝내라는 뜻이다. 니체처럼 '신의 사망'을 과단성 있게 선언하게 되면 오해도 많겠지만 사람들이 지금껏 생각해 왔던 그런 신은 없다는 것이 천무관天無觀이다. 세상 사람들이 생각하는 하늘은 없는 것이다. 더 이상 신을 만들어 내지 말고 내 안의 '본래의 나'를 맞이해야 한다. 지금까지 만들어진 온갖 신들을 떠나서 생생하게 살아 있는 오직 하나의 신을 만날 일이다. 바로 '본래의 나'이다. 이 '본래의 나'만이 있을 뿐이다. 삼라만상을 자식으로 생각하는 천지부모의 마음만이 있을 뿐이다. 위하고 위하는 마음만이爲爲心 있을 뿐이다. 천지부모가 육신의 부모처럼 밖에 있는 것이 아니라 내 안의 '본래의 나'로 계신다. 천지부모를 되찾아 하나가 되는 것을 천인합일이라고 하며, 대인이 되었다고 하며, 성인이 되었다고 하며, 부처가 되었다고 하며, 그리스도가 되었다고 하는 것이다. 다시 말하자면 천도인이 된 것이다. 개벽인간이 된 것이다. 시천인간이 된 것이다. 한울사람이 된 것이다. 여기에 이르러 인류 문명이 완성된 것이다. 즉, 동학·천도교는 인류 문명의 꽃이자 열매인 것이다.

존재 그 자체는 오직 한 분일 뿐

그렇다면 상제, 부처, 여호와, 알라 같은 신들이 무엇인가? 지금까지의 그 어떤 말로도 표현할 수 없는 새로운 존재의 탄생을 경험했던 선각자들은 그 성스러움과 위대함 그리고 새로움을 표현하기 위하여 여러 가지 이름을 사용하여 불렀을 뿐이다. 지역과 언어 그리고 문화가 서로 달랐기 때문에 서로 다른 언어적 표현들이 생겨난 것이다. 그러나 비록 말은 다르지만 그 존재 자체가 다른 것은 아니다. 존재 그 자체는 오직 한 분일 뿐이다. 한 분이라고 해서 다수 중의 하나를 뜻하는 것이 아니라 우주 삼라만상을 모두 다 관통하고 있다는 의미에서 하나라는 뜻이다. 이 점을 착각하게 되면 신이 오직 한 분이라는 뜻이 제대로 전달되지 못한다.

문화권에 따라서 이름을 달리 부른다는 이유로 서로 비난하며 서로 전쟁하는 일은 어리석음의 극치이다. 신은 사람들로 하여금 서로 싸움을 하라고 다양한 문화권에서 다양한 선각자들을 통하여 드러난 것이 아니다. 드러날 수 없는 한 분과 실제 드러난 다양한 모습의 관계를 명확하게 이해해야 한다. 자신이 속한 문화권의 선각자만이 절대유일의 신으로 착각할 때 종교전쟁이 일어난다. 그렇지만 그 어떤 선각자도 오직 신만을 믿고 공경하고 정성드릴 것을 가르쳤지 결코 자신을 숭배하라고 가르치지는 않았다. 그리고 우리들의 눈이 완전히 열리면 우주 간에는 오직 한 분만이 지금 여기에 존재함을 직접 보게 된다. 다시 말하자면 모든 존재자들이 다 신의 표현물임이 명명백백하게 되는 것이다. 모든 보이는 존재자들은 모두 다 보이지 않는 신의 얼굴인 것이다. 이 점이 명백해진다면 종교전쟁은 말리지 않아도 자연히 사라지게 될 것이다. 종교를 이유로 전쟁하는 자들은 자신의 스승들의 가르침을 배반하는 자들이며, 자신들이 믿고 따르는 유일무이한 신을 배반하는 자들이다. 하늘을 거슬리는 일이며, 이치에 거슬리는 일이며, 마음을 속이는 일이다. 지금 여기의 모든 존재자들이 바로 살아 계신 신인데 어떻게 죽일 수 있으며, 어떻게 해를 입힐 수 있으며, 어떻게 속일 수 있겠는가? 차마 하지 못할 일이다. 하지 말아야 할 일을 그토록 많이 하였으며 하고 있으면서 어떻게 평화가 있고, 번영이 있고, 행복이 넘치기를 기대하겠는가?

지금까지 만들었던 온갖 가지 신상으로부터 해방되어 '본래의 나'로 돌아가 평정을 찾아서 평화의 나라를 건설할 일이다. 신의 말씀을 핑계로 사리사욕을 충족시켜 왔던 미신을 버리고 명명백백하고 정정당당한 진리 자체가 되어 세상을 환하게 밝히고 뭇 생명들에게 행복을 선사할 일이다.

전쟁은 미망의 상相에 사로잡힌 자기의 마음과 벌일 일이다. 다른 신과의 전쟁을 통하여 자신의 신을 보호한다는 이 어리석음의 극치를 벗어나는 유일한 길은 신의 원천이 '본래의 나'임을 아는 데 있다. '본래의 나'를 찾으면 더 이상 나의 신도 사라지고 타인의 신도 사라진다. 한 걸음 더 나아간다면 신 자체가 사라져 더 이상 고집할 그 무엇도 남아 있지 않게 된다. 그렇게 되면 나의 신도 '본래의 나'요, 타인의 신도 '본래의 나'요, 일체의 신이 '본래의 나'였음이 명명백백하게 된다. 그러므로 수운은 "귀신이라는 것이 곧 나다鬼神者吾也"라는 말씀을 한울님으로부터 들었다고 하였다. 일체의 만신들이란 모두 다 하나의 한울님의 다양한 작용들인 것이다. 그 작용은 비록 억만 가지로 보일지라도 오직 하나의 '본래의 나'의 작용일 따름이다. 이 '본래의 나'를 일러 한울님이라 하는 것이다.

모두가 나다. 아직 여기에 이르지 못했다면 제3관법을 제대로 관하지 못한 것이다. 아직까지 나의 신, 너의 신이 있다면 가야할 길이 멀다. '나만 있고 하늘은 없다'가 명명백백해질 때까지 꼬박 밤을 지새우면서라도 바라보아야 할 것이다. 그렇게 보는 공부를 하다보면 그렇게 보이는 날이 반드시 오리라 믿어 의심치 않는다. 유일무이한 '본래의 나'를 보려면 보이지 않는 그 존재를 꼭 믿어야만 한다. 해월은 한울님을 믿지 않는 마음은 한낱 밥주머니일 뿐이라고 하였다. 한울님을 믿는 마음은 곧 '본래의 나'를 믿는 것이다. '본래의 나'를 믿으면 자신감을 갖게 된다. 자신감을 갖게 되면 흘러가는 말들에 귀를 기울이지 않으며, 무지갯빛 색깔에 현혹되지 않으며, 무소불위처럼 보이는 헛된 권세에 끌려가지 않게 된다. 마음이 한울기둥처럼 굳세어 결코 빼앗기지 않는다. 우주는 이 기둥 위에 서 있으니 그 기둥을 인간 본체요 성심 본체라 한다.

제4부

본래의 나: 성품과 마음

오직 나뿐이라니 도대체 이 나는 누구인가? 이 나에 대하여 의암은 성심 두 개념을 네 단계의 관법을 통하여 분석적으로 보여주고 있다. 즉, 나의 근본, 나의 본체, 나의 본래 면목을 성심의 유무를 통하여 바라보고 있는 것이다. 성심은 이미 유불도儒佛道가 공유하고 있는 개념이다. 그런 성심 개념으로 '본래의 나'를 봄으로써 유불도를 회통시키고 있음에 유의할 필요가 있다. '한 나무의 세 꽃'은 유불도에 회통한 무극대도를 비유적으로 표현한 것이다. 무극대도란 기존의 종교처럼 어떤 체를 따로 세워 주장하지 아니한다. 즉, 특정한 체를 고집하지 않는다. 그러므로 무체법無體法이라 한다. 「무체법경」은 체가 없는 성심본체의 법을 밝히는 글로서 의암의 주서 중의 하나이다. 「무체법경」은 무극대도의 본령을 체계적·논리적으로 기술하고 있다. 의암은 제4·5·6·7관법에서 성심을 네 가지로 나누어 자세하게 관할 것을 요청하고 있기 때문에 그 기술된 순서에 따라 '무체법'을 좀 더 자세하게 살펴보는 과정에서 '본래의 나'가 뚜렷하게 드러나기를 기대해 본다.

제6장 성품은 비었기 때문에 없고
마음은 활동하기 때문에 있다
第4觀法 性無觀 心有觀

불가에서는 성性을 비고 고요한 공空으로 보는 데 비하여 유가에서는 성性을 천명과 천리의 본체로 본다. 성이 없다고 하는 제4관법은 불가적 이해에 가깝다고 할 수 있으며 성이 있다고 보는 제5관법은 주로 유가적 이해에 가깝다고 할 수 있다.

성이 없다는 것은 성이 비고 고요하여 일체의 활동이 멈춘 자리이기 때문이다. 일체 활동이 없기 때문에 공공적적空空寂寂하다고 표현한다. 비고 고요하기 때문에 정말로 아무것도 없는 것인가? 그렇지는 않다. 비고 고요하지만 모든 것이 갖추어지지 않은 것이 없다. 그러므로 이 자리를 원만구족圓滿具足이라고도 표현한다. 모든 것을 갖추었으므로 부러워할 것도 없으며, 구할 것도 없으며, 찾을 것도 없으며, 아쉬울 것이 전혀 없다. 비었으면서도 모든 것을 갖추었다는 것은 모순적 표현처럼 들리는데 어떤 의미인가? 성품은 비고 고요하기 때문에 그 어떤 것도 성품을 물들일 수 없으며 움직일 수 없다. 비고 고요하면서 흔들리지 않는 이 중심을 시각적으로 그려볼 수 있는 가장 좋은 비유가 태풍의 눈이다. 이 태풍의 눈은 비었지만 거대한 구름의 소용돌이를 거느리고 있다. 즉, 흔들리지 않는 중심에 태풍 전체가 매달려 있는 것이다. 태풍과 마찬가지로 우주는 비고 고요한 성품을 중심으로 돌아가고 있다는 것이다. 이 비고 고요한 성품이 있기 때문에 우주는 현재의 모습을 유지하면서 활동을 할 수 있다는 것이다. 마치 내장기관들이 모두 척추에 매달려 있듯이 일체의 모든 존재자들이 매달려 있는 중심기둥을 도가에서는 도추道樞 또는 영추靈樞라 불렀다.

이 비고 고요한 중심에 대한 또 다른 비유가 거울이다. 불가와 유가 그리고 도가에서 성품을 거울에 비유하는 것을 쉽게 볼 수 있다. 거울의 비유는 성품과 마음의 관계를 가장 잘 드러내 주는 비유로 마음공부를 하는 많은 사람들에 의하여 애용되고 있다. 거울은 그 앞에 오는 어떤 대상들도 있는 그대로 비춰 준다. 거울 자체는 그 앞에 오는 어떤 색깔이나 모양에도 물들지 않는다 다만 있는 그대로를 비추어 줄 뿐이다. 거울의 비추어 주는 작용은 마음이며, 물들지 않는 거울 본체는 성품에 비유된다. 대상에 물들지 않고 움직이지 않는 거울 본체와 같이 성품은 어떤 대상에도 물들지 않으며 움직이지 않는다는 것이다. 만약 거울이 물든다면 더 이상 거울이 아니다. 거울은 자기 앞의 모든 사물들을 그대로 반영하듯이 마음은 모든 것들을 그대로 반영한다는 것이다. 거울의 본체와 작용을 둘로 나눌 수 없듯이 성품과 마음의 관계도 그러하다는 것이다. 단지 물들지 않는 본체는 성품이라 부르고 비추는 작용은 마음으로 달리 부를 뿐이다. 성품이니 마음이니 하는 것은 이름일 뿐이다.

마음을 새로 만든 거울 같이 하면

의암은 마음이 성품을 얻게 되면 변화가 무쌍하고 조화가 예측불허한다고(心在性裏 變化無雙 造化不測) 하였다. 내 마음이 성품의 자리에 들게 되면 거울을 얻어 마음가는 대로 모든 것을 자유롭게 비추어 볼 수 있게 된다는 것이다. 한마디로 말한다면 마음은 신을 얻게 된 것이다. 그리하여 "한번 조용함에 비고 고요한 극락이요, 한번 기쁨에 크게 화한 건곤이요, 한번 움직임에 풍운 조화라(一默空寂極樂 一喜泰和乾坤 一動風雲造化)"고 하였다. 마음이 성품을 얻게 되었다는 것은 마음이 무한한 성품, 지선至善한 성품, 영원한 성품, 본체인 성품, 불생불멸하는 성품을 얻었다는 뜻이다. 성품에 대한 비유 가운데 거울의 비유만큼 명쾌하고 분명한 비유도 없다고 할 수 있다. 동학에서도 거울의 비유는 여러 차례 등장한다. 그 가운데 하나를 소개하면 의암의 다음 노래를 들 수 있다.

보배로운 거울이 비고 비어 비쳐 매달린 것을 머금어

능히 천지를 삼키고 능히 세상을 뱉는도다.

寶鏡虛虛含照懸　能吞天地能吐世

거울이 비어 자기 앞의 사물의 반영을 머금고 있듯이 성품이
모든 비친 상들을 품고 있다는 것이다. 또한 이 성품은 천지를
삼키고 뱉는 것을 자유로이 한다고 하였다. 성품은 비었기에 자
기 앞의 모든 것을 있는 그대로 비출 뿐만 아니라 그 모든 것들
을 들이고 내는 것을 자유로이 한다는 것이다. 그러므로 마음이
성품에 이르게 된다면見性 모르는 것이 없으며 통하지 못하는 곳
이 없게 될 것이다. 마음은 영원해지고, 물들지 않게 되며, 하지
못하는 일이 없게 된다.

크게 깨달아 마음을 맑게 하기를 새로 만든 거울같이 하면, 물
건이 비치는 곳에 곱고 미운 것이 분명하고 일에 임하는 곳에
경위가 분명하여 사리에 통달하고 행함에 빠르느니라.

大知心淡　如新磨之鏡　照物之處　研媸分晢　臨事之地　經緯分明

達事理而敏於行也

마음의 거울에 티끌이 한 점이라도 있다면 물건이 올바로 비

칠 수가 없다. 비고 고요한 성품의 경지에 이르러야 모든 사물을 올바로 보고, 모든 일의 경위를 올바로 판단하고, 모든 일을 올바르게 빨리 처리할 수 있는 것이다. 한울마음을 삿된 기운에 빼앗겨 비고 고요한 성품의 경지를 얻지 못하게 된다면 그 어떤 것도 올바로 볼 수 없으며, 올바로 판단할 수 없으며, 올바로 행할 수 없을 것이다. 그러므로 오직 힘쓰는 일은 마음의 기운이 성품 거울을 가리지 않도록 하는 일이다. 마음의 기운이 맑고 깨끗하지 않으면 성품의 거울을 가리게 되어 보이는 것은 모두 다 실상이 아닌 환영이 될 것이다. 그러므로 있는 그대로의 실상을 보기 위해서는 마음을 바로 가지는 공부보다 중요한 것이 없다. 수운은 그러므로 자신의 공부를 이 한울마음을 올바로 지키는守心 공부라 하였다.

중요한 것은 마음을 깨끗하게 하는 일

의암은 거울에 대하여 여러 가지로 말하였지만 성품이 비고 없음을 보기 위해서는 다음의 시가 적지 않은 도움이 된다. 이 시 구절은 중국불교를 열었다고 평가받는 6조 혜능선사의 이야기를 연상시킨다.

거울 속에서 티끌이 생기는 것이 아니라

많은 티끌이 일어나 거울에 붙나니,

만약 본래 거울이 없으면

많은 티끌이 어느 곳에 붙으랴.

鏡裡不生塵 萬塵起着鏡

若使本無鏡 萬塵何處着

거울에서 티끌이 생긴 것이 아니라 티끌이 거울을 가린 것이다. 성품은 본래 비었고, 본래 고요하고, 본래 깨끗하고, 본래 없는데 어떻게 티끌이 생겨날 수 있겠는가? 성품에는 선악善惡도 없으며, 나고 죽음生死도 없으며, 오고 감去來도 없으며, 밝고 어둠明暗도 없다. 거울이 더러워진 것은 티끌이 일어나 붙었기 때문이다. 티끌은 어디에서 왔는가? 마음에서 왔으며 기운에서 온 것이다. 그러므로 수많은 잡념들이 일어나 성품을 가린 것이 구름이 태양을 가린 것과 같기 때문에 거울을 가린 티끌에 비유하였다. 그렇지만 제아무리 구름이 태양을 가린다고 한다고 해도 진짜 가릴 수는 없다. 바람이 불면 구름은 흩어지기 마련이다. 그렇게 되면 본래 태양은 청천백일靑天白日이다. 또한 구름 아래의 사람 눈에는 태양이 가리웠는지는 모르지만 구름 위를 나르는 비행기 안에서 볼 때 구름은 태양을 가릴 수가 없다. 실상 태양은 가린 적이 없다. 마음의 티끌 때문에 가린 것처럼 보일 뿐이다. 그러므로 중요한 것은 마음을 깨끗하게 하는 일이 된다.

눈으로 보는 태양은 저 하늘에 걸려 있지만 성품태양은 보이는 체가 따로 없으니 구름이 가릴 수도 없다. 비고 고요한 성품을 바로 본다면 티끌이 묻을 곳은 본래부터 없는 것이다. 그럼에도 불구하고 성품이 물들었다고 하고, 태양이 가리웠다고 하는 것은 마음이 아직 집착에서 벗어나지 못하고 있기 때문이다. 본래 비고 고요한 자리에 통하면 일체의 장애는 본래부터 없었음이 확연해지지 않겠는가? 성품이란 본래 비고 고요한 것인데 사람들이 마치 성품이라는 것이 따로 있는 것처럼 여기니 오히려 성품이 장애가 된다. 마음이 비고 고요하면 성품인 것이지 성품이라는 것이 어떤 물건처럼 따로 있는 것이 아니다. 그러므로 거울이 없다는 것은 성품이 본래 비고 고요하다는 것이다. 마음이 비고 고요하여야 성품이 비고 고요한 줄 알게 되기 때문에 정작 중요한 것은 마음이 비고 고요한 것이다. 이 없는 성품이란 물건이 따로 있는 것이 아니라 마음이 비고 고요한 것이니 무라는 것이 따로 있는 것이 아니라는 의미에서 '무무無無'라는 표현이 나왔다. 힘쓸 일은 요동치는 마음을 잠재우는 일이다.

우주만유가 만들어진 근본 재료가 곧 성품

마음이 있다는 것은 마음기운이 일어나 작용을 하기 때문이다. 활동하는 것은 있고 활동하지 않는 것은 없다고 생각하므로 활동하는 마음은 있다고 보는 것이다. 활동하는 마음기운으로 말미암아 비고 고요한 성품을 재료로 하고 이치로 하여 온갖 가지 우주만물을 만들었다는 것이 의암의 설명이다.

의암은 성품을 '원리원소原理原素'라 표현하였다. 먼저 성품이 원리라는 표현은 '성즉리'를 주장하는 성리학자의 입장과 별반 다를 바 없어 보인다. 그러나 이때의 원리는 성리학자들이 주장하는 것처럼 기氣와 따로 떨어져서 초월·형이상·절대의 성에 갇힌 것은 아니다. 이렇게 분명하게 말할 수 있는 근거는 수운의 말에 근거한다. 수운은 한울님으로부터 형이상의 한울마음이 곧 사람마음이라는 말씀과 함께 귀신이라는 작동하는 기운과 초월적·절대적·형이상적 한울님이 똑같다는 이야기를 들었기 때문이다. 즉, 이치기운은 언제나 함께 한다는 것이다. 귀신이 곧 한울님이라는 것은 작동하는 마음기운이 곧 원리로서의 한울님이라는 주장이다. 기운과 이치가 같다는 뜻이다. 해월은 언제나 '이치기운'을 한 단어처럼 쓰고 있음을 확인할 수 있다.

성품이 원소原素라는 표현은 천도교의 독창적인 표현이다. 이 말은 우주만유가 만들어진 근본재료가 곧 성품이라는 뜻이다. 근원적 원소를 재료로 하여 모든 존재자들이 만들어졌다는 주장이다. 다시 말해서 우주만유는 성품을 근본 재료로 하여 만들어졌다는 것이다. 위에서 성품을 허공무虛空無로 가장 잘 표현할 수 있다고 하면서 동시에 이것은 진짜 허공무虛空無가 아니라 오히려 우주에 꽉 차 있는 유무를 떠난 존재라는 표현을 사용한 적이 있다. 그렇기 때문에 의암은 성품을 '인연없이 생겨난다無緣有生'고 하였다. 또한 성품은 비었지만 꽉 차 있으며, 없으면서 있다고 할 수 있다. 이러한 표현들은 성품이 보이지 않는 무형의 재료라는 뜻이다.

이 보이지 않는 성품 재료가 마음기운에 의하여 만들어진 것이 우주인 것이다. 어찌되었던 성품은 우주만유를 만든 원재료이다. 우주만유의 근본 재료는 보이지는 않지만 있는 존재이다. 제5관법에서 왜 성품이 있다고 하는지를 알 수 있다. 성품이 진짜 없다면 없는 데로부터는 아무것도 만들 수가 없다. 그렇다면 이 성품을 보면 무엇이 보일까? 아무것도 보이지 않는다. 왜냐하면 성품은 허공무虛空無이기 때문이다.

우주만유가 만들어지기 위해서는 성품만 가지고는 안 된다. 원리원소만 가지고는 창조가 일어날 수 없다. 재료만 사다 놓으면 맛있는 요리가 저절로 만들어지는 것이 아니다. 예술적 요리사가 있어야 한다. 우주를 만든 예술적 창조자가 바로 활동하는 기운이며 마음이다. 우주가 탄생하기 위해서는 우주마음이 필요하고 후천개벽의 세상을 만들기 위해서는 시천주적 인간이 필요하다. 마음은 기운이다. 마음과 기운은 떼 놓을 수 없는 관계이기 때문에 마음기운으로 함께 쓰이기도 한다.

견성한 마음은 어디를 가나 오직 하늘을 볼 뿐

이 마음의 기운으로 말미암아 성품을 원소로 삼아 성품의 원리에 따라서 만들어진 것이 우주의 삼라만상이다. 삼라만상을 궁극에까지 자세하게 보면 성품이라는 보이지 않는 재료를 성품이라는 하늘의 이치에 따라서 마음기운이 만든 것을 보게 될 것이다. 즉, 원리원소와 마음으로 우주가 이루어져 있음을 알게 되는 것이다. 원리원소가 성품이니 우주는 비록 복잡한 것 같지만 알고 보면 성품과 마음으로 이루어진 것일 뿐이다.

이 점이 명백하게 되었다면 이제 견성見性한다는 것은 원리를 보는 것이고 또한 원소를 보는 것임을 알 수 있다. 성품이 원리원소이므로 당연한 일이다. 원리를 본다는 것은 모든 이치를 다 안다는 것이고 원소를 본다는 것은 우주만유가 만들어진 근본 재료가 무엇인지를 아는 것이다. 견성한다는 것은 존재하는 모든 것들이 하늘의 원리에 따라서 하늘을 원소로 삼아서 만들어졌다는 사실을 불을 보듯이 환하게 아는 것이다. 다시 말하자면 사람이나 자연사물에서 하늘을 보고 통하게 되는 것이다. 보고 통하는 주인은 내 마음이다. 견성한 마음은 어디를 가나 오직 하늘을 볼 뿐이다.

견성은 마음으로 하므로 마음이 성품이 되지 아니하고는 보거나 느낄 수 없다. 그러므로 마음이 성품과 똑같이 될 수 있어야 한다. 마음이 성품과 똑같이 된다는 것은 기운으로서의 마음이 이치로서의 성품과 똑같아질 수 있다는 뜻이다. 맹자식으로 표현하면 마음을 다하게 되면 성품을 알게 되는 것이다. 이기론으로 표현하자면 기운을 다하면 이치가 드러나는 것이다. 심학으로 말하자면 마음이 천리와 완전히 부합할 때 마음은 성품을 보게 된다고 할 수 있다. 양명학식으로 표현하면 이때 마음은 곧 리가 되는 것이다心即理. 이때 성품을 본다는 것은 주관이 대상을 보는 것이 아니라 주객이 완전하게 동일해진다는 뜻이다. 같아지면 내가 나를 알듯이 주관은 객관을 저절로 알게 되는 그런 봄觀이다. 봄으로써 주객은 사라진다. 그러므로 또 말하지만 견성에서는 보는 자도 없고, 보는 대상도 없고, 봄도 없다. 성은 없는 것이다. 마치 성이 어떤 실체성을 가지고 있는 것처럼 생각하기 때문에 수많은 문제들이 일어난다. 마음이 있기에 견성도 할 수 있고 각심도 할 수 있다. 누가 무엇을 보고 누가 무엇을 깨달으며 누가 무엇을 아는가? 모든 것은 다 마음이 있어 할 뿐이다.

마음이 있어 그로 말미암아 없는 성품도 보고 없는 천리도 볼 수 있는 것이다. 마음이 있어 마음으로 마음을 깨닫는 것이다.

제4관법에서는 주로 성품이 비고 고요하고 없음을 주로 보았지만 마음이 있다는 의미도 그 가운데에서 분명해졌다고 생각한다. 이제 유무를 뒤바꾸어서 성심을 바라보는 제5관법으로 넘어갈 준비가 된 것 같다.

제7장 마음이 비었기에 자유하고
성품이 있어 만유가 매달려 있다
第5觀法 心無觀 性有觀

　제5관법은 제4관법과 정반대로 성품은 있고 마음은 없다는
것을 보라고 한다. 없다고 하던 성품을 있다고 하고, 있다고 하
던 마음을 없다고 하니 어찌된 영문인가? '있다'와 '없다'처럼
누구나 분명하게 아는 것이 완전히 뒤집어지니 보는 마음이 완
전히 바뀌지 않고는 관법 공부 자체가 불가능하다. 어찌 되었던
제5관법은 유가의 관념세계에서는 매우 친숙하다. 그러므로 유
가의 이야기에 주목하지 않을 수 없다.

　조선조 500년 역사에서 성리학은 비단 철학으로서만 아니라
정치·생활양식으로 지대한 영향을 행사했다. 성리학의 핵심에
다름 아닌 성품이 자리잡고 있었다. 그러므로 이전의 유가와 차
별화하여 성리학이라 하였다. 성리학에서 성품은 천리로 주로
이해되었다. 『중용』은 천리가 구체적 존재자들 안에 내려온 것
을 성품이라 하였다天命之謂性. 따라서 '성즉리性卽理'라는 도식
이 일반적으로 받아들여졌다. 천리를 그대로 내려 받은 것이 사
람의 근본 성품이라는 것이다. 하늘에서 받은 이 근본 성품을 그

대로 보존하고 계발하는 것이 성리학자들의 주된 관심사였다. 정치와 교육 그리고 사회의 근본도 천성을 확장하고, 계발하고, 보존하는 것이었다.

후대 성리학자들은 하늘에서 그대로 받은 성품을 '인의예지仁義禮智'로 설명한다. 사람의 본래 성품은 어질고, 의로우며, 예의바르고, 지혜롭다는 것이다. 그럼에도 불구하고 현실을 사는 사람들이 그러하지 못한 것은 바로 성품이 물욕과 욕망에 의하여 가리워졌기 때문이라고 하였다. 따라서 성리학자들은 이 욕망을 멀리하여 성품을 회복하는 것을 사명으로 삼았다. 이러한 유가의 주장은 일반적으로 '천리를 보존하고 인욕을 멀리한다(存天理 去人慾)'는 명제로 정립되었다. 천리를 보존한다는 것은 곧 성품을 보존한다는 것을 의미했다. 학파에 따라서 강조점의 차이가 있을 뿐 큰 뜻에서는 대부분 이러한 명제에 동의하였다.

성품이 무엇이고 천리가 무엇이냐를 둘러싸고 유가에는 성리학과 양명학의 이견이 있다. 성리학자들이 성품을 사람과 사물 안에 내재된 하늘의 이치로 주로 보는데 반하여 양명학자들은 성품이란 따로 있는 것이 아니라 마음이 비고 고요하게 되면 드러나는 하늘의 마음으로 본다. 이러한 두 입장은 『대학』의 '격물치지格物致知'의 개념 이해에서 차이점을 잘 드러내고 있다.

명明의 왕양명은 격물이란 사물의 이치를 아는 것이라는 주희의 『대학』 해설을 읽고 대나무의 리理를 알기 위하여 대나무 밭에서 식음을 전폐하고 공부하다 쓰러졌다고 하였다. 이후 기운을 차린 뒤 공부를 하여 대나무의 리理를 깨달은 것이 아니라 자신의 마음이 바뀌었음을 깨닫게 된다. 이치는 대나무에 있는 것이 아니라 자신의 마음에 있음을 알게 되어 심즉리心卽理를 주장하게 된다. 천리를 열린 마음에서 깨닫게 된 것이다. 그리하여 격물이란 사물의 이치를 아는 것이 아니라 내 마음을 깨달아 올바로 실행하는 것이라고 해석하게 된다.

천리가 곧 성품, 성품이 곧 마음

가령 어짊이란 성품이 어떤 실체처럼 있는 것이 아니라 다른 사람과 자연사물을 보면 자연스럽게 하나로 느껴지는 그런 마음이라는 것이다. 예라는 것은 어떤 정해진 인간 행동을 뜻하는 것이 아니라 그 상황에 잘 어울리는 행동을 적절하게 잘 한다는 뜻이다. 정의로움과 지혜도 마찬가지이다. 왕양명은 격물을 사물의 이치를 아는 것으로 해석하지 않고 일을 올바로 행하는 것이라고 말한다. 일을 올바로 행하기 위해서는 마음이 올바라야 한다. 이 올바른 마음을 양명학은 양지良知라 하였다. 이 양지가 바로 천리라는 것이다. 양지를 떠나서 따로 천리가 있는 것이 아니라는 것이다. 그러므로 양명학자들은 '마음을 떠나 따로 하늘이 없고 마음을 떠나 따로 사물이 없다(心外無天 心外無物)'고 한다.

성품이라는 것이 마음과 따로 동떨어져 마치 하늘에서 뚝 떨어진 것으로 성리학자들이 본다면 양명학자들은 성품이라는 것은 마음을 떠나 따로 있는 것이 아니라 천리에 온전히 따르는 마음의 끝으로 보는 것이다. 그러므로 천리를 순수하게 받은 성인과 그렇지 못한 소인은 완전히 별종의 인간이 아니라 누구든지 천리를 온전히 따르게 되면 다 성인이 될 수 있다는 것이 양명학의 입장이다. 성품이 마치 천리에서 직행하여 나온 것처럼 여기는 것이 아니라 천리를 따르는 마음이 곧 성품이라는 것이다. 성리학자와 양명학자의 입장 차이에 대한 자세한 논의는 유학 전공자의 몫으로 돌리고 여기에서는 천리가 따로 있는 것이 아니라 곧 성품이며, 성품이라는 것이 따로 있는 것이 아니라 곧 마음이라는 점만 밝히는 것으로 충분하다.

『중용』의 '천명을 일러 성품이라 한다天命之謂性'는 구절은 바로 천리가 곧 성품임을 명료하게 밝힌 글이다. 맹자가 '마음을 다하면 성품을 알고 하늘을 안다盡心知性知天'고 하는 것은 마음으로 성품도 알고 하늘도 안다는 점을 분명히 밝힌 것이다. 성리학자들은 마음의 경계를 움직이고 활동하는 기운에 자꾸만 국한시키려고 하지만 심학자들은 마음의 끝을 곧 성품이라고 본다. 마음을 떠나서 따로 성품이 존재하는 것으로 보지 않는 것이다.

이러한 유가의 논의에서 자명해진 대로 성품은 하늘의 이치이며, 인간의 본성이며, 우주의 본원이라 할 수 있다. 이러한 성품이 없다는 것은 상상조차 할 수 없는 일이다. 유가에서 성품은 천지인 삼재의 중심이다. 따라서 성품이 있으므로 하늘도 있고, 사람도 있고, 땅도 있다고 해도 과언이 아니다. 성리학자들은 이 성품에 따라서 사는 인간의 삶과 공동체의 삶을 꿈꾸었고, 양명학자들은 성품을 따른다는 것은 초월적 천리天理나 내재적 물리物理에서 구할 것이 아니라 곧 내 마음속의 양지良知를 찾아 따르는 것으로 보았다. 하늘의 이치와 사물의 이치를 아는 마음의 중요성을 강조하는 것이다. 성리학자들이 초월적이고 우주론적인데 반하여 양명학자들은 다분히 인문적이다. 그러므로 중국철학의 정통학자로 평가받는 모종삼牟宗三은 공맹의 인문학적 정통은 성리학이 아닌 양명학으로 내려온 것으로 본다.

　제5관법이 유가적 맥락에서는 비교적 쉽게 이해된다는 점을 보았다. 이를 바탕으로 제5관법을 좀 더 설명해 보자.

참 존재는 오직 성품뿐

　성품이 무無라 하여 진짜 없는 것이 아니다. 실제로는 성품이 있기에 이를 기둥 삼아 우주의 집이 지어졌다. 의암은 만약 이 성품이 떠나기로 한다면 사람이 길가다가도 죽고, 앉았다가도 죽고, 밥먹다가도 죽는 등 죽음이 무상하다고 하였다. 사람이 살기 위해서는 밥도 먹고 숨도 쉬어야 하지만 이 모든 일들이 충족되더라도 한울성품이 없게 되면 그 순간으로 종말이라고 할 수 있겠다. 그러므로 성품은 존재의 근본이며, 우주만유의 근본이며, 인간만사의 근본이다. 이 근본을 알아 지키는 사람이 천도를 지키는 사람이며 이 근본을 회복하는 운수가 후천개벽의 운수라 하겠다. 이 근본을 알아 지킨다는 것은 사람은 육신이나 변덕스러운 마음이 본체가 아니라 천성 또는 본성이 본체임을 깨달아 지키는 것을 뜻한다. 다시 말하자면 사람이 곧 천주를 모시고 있는 존재임을 아는 것이며, 내 마음이 한울마음인 줄 아는 것이며, 귀신이라는 작용하는 기운의 주인도 결국 천주임을 아는 것이라 하겠다.

하늘에서 비가 내리는 것도 성품이 있기에 그런 것이며, 저 하늘의 태양이 작열하는 것도 성품이 있기 때문이며, 밥을 먹고 말을 하고 길을 걸을 수 있는 것도 다름 아닌 성품이 있기 때문인 것이다. 성품으로 말미암아 만유와 만사가 있으니 성품이 없어진다면 그 무엇이 남아 있을 수 있겠는가? 그러므로 성품은 우주가 태어나기 이전부터 있었으며 우주가 멸망한 뒤에까지 있을 것이다. 성품을 떠나 따로 하늘이 없으며 따로 천리가 없으며 따로 천도가 없는 것이니 존재하는 것은 오직 성품이라 하겠다. 성품이 없으면 마음이 활동하고자 하지만 활동할 수 없다. 한울성품으로 말미암아 나도 있고 세계도 있고 도를 잊지 않고 덕을 베풀 수 있는 것이다. 그러므로 성품이 무형이라고 하지만 참으로 존재하는 것이다. 참 존재는 오직 성품뿐이라고 말할 수 있겠다. 이렇게 되면 성품 이외의 다른 것들은 존재하지 않게 된다. 마음도 없게 되고, 자연사물도 없게 되는 것이다. 여기에서 마음도 없고 자연사물도 없다는 것은 참 존재가 아니라는 뜻이다. 변화무쌍하고 무상無常하다는 뜻이다. 뭉쳐진 기운 덩어리로서 변화가 무쌍하다는 뜻이다.

그러므로 마음은 무상無常하고 비어 물건에 응하여도 자취가 없다고 말하게 된다. 비었으므로 없다고 하며 없기에 보이고 들리고 느끼는 모든 것들을 자유로이 할 수 있다는 것이다. 만약 마음이 비지 않았다면 귀는 있지만 들을 수 없으며, 눈은 있지만 보지 못하며, 감각은 있지만 느끼지 못할 것이다. 마음이 어떤 색깔에, 어떤 소리에, 어떤 색깔에 매이게 되면 본래의 기능을 다할 수 없게 된다는 것이다. 여러 가지 소리와 여러 가지 색깔을 보고 들어야 하는데 어느 한 가지가 감각기관을 점령하면 다른 소리와 색깔이 들어올 수 없게 된다. 그러므로 감각기관이 제대로 작동하기 위해서는 마음이 비어야 한다.

마음을 비우는 것은 생명을 살리는 길

마음은 비어서 그 앞에 오는 어떤 것에도 그대로 감응하기 때문에 때로는 슬픔에 젖기도 하고, 때로는 기쁨에 젖기도 하고, 때로는 자만감에 도취하기도 하고, 때로는 열등감으로 괴로워하기도 한다. 이뿐만이 아니다. 마음은 화에 사로잡혀 모든 것들을 불태우기도 하고, 미움에 사로잡혀 증오감으로 내장을 상하기도 하고, 자기보다 나은 사람을 받아들이지 못하여 자신의 온 힘을 다하여 남을 시기·모함하고 질시·훼손하는 데 골몰하다가 '무왕불복無往不復'의 이치에 의하여 결국 자기의 인생을 망치기도 한다. 또한 그러한 마음이 개과천선하여 성인이 될 수 있는 것도 다 마음이 비었기 때문에 가능한 일이다.

마음은 비었기 때문에 무엇이든지 될 수 있는 것이다. 또한 마음은 비었기 때문에 무엇이든지 할 수 있는 것이다. 종적을 잡을 수 없을 만큼 천변만화할 수 있는 것은 마음이 비었기 때문이며 형상이 없으며 어떤 몸을 고집하지 않기 때문이다. 마음은 쓰기 나름인 것이다. 이러한 이유로 이 빈 마음을 일러 없다고 하는 것이다. 마음이 없다는 것은 사물에 응하여도 자취가 없다는(心兮本虛 應物無跡) 것을 뜻한다.

마음은 본래 비었는데 이 빈 마음을 쓰지 않고 특정한 기운을 주로 쓰게 되면 어떻게 되는지에 대해서는 적지 않은 연구가 이루어졌다. 즉, 마음 씀씀이와 오장육부의 관계는 음양오행론에 근거하여 이미 오래 전에 밝혀졌다. 이에 따르면 화를 잘 내는 사람은 간을 상하고, 소소한 일에 희비의 쌍곡선을 그리는 사람은 심장이 위태롭게 되고, 이런 저런 생각의 늪에 빠지는 사람은 소화도 제대로 시키지 못하게 되고, 슬픔과 근심 걱정으로 잠을 이루지 못하는 사람은 폐를 상하게 된다. 쓸데없는 공포심에 떠는 사람은 신장을 버리게 된다. 감정과 전도망상에 마음을 잃어버렸으니 죽음의 문턱이 나날이 가까이 다가올 뿐이다. 이런 감정과 전도망상으로 가득 찬 마음에서 본래부터 비고 고요하고 평안한 마음을 회복하자는 것이 마음이 없다고 보는 관법이다.

마음을 아집, 감정, 전도망상 등에 빼앗기지 않는 것은 생명을 보호하는 법이다. 즉, 마음을 비우는 것은 생명을 살리는 길이다. 그러므로 예로부터 죽을 각오로 임하면 오히려 살게 된다死卽生고 하는 것이다. 마음을 비우는 곳에 살 길이 나온다는 뜻이다. 지금까지의 고집을 헌신짝 버리듯 비우면 그곳에서 새로운 생명의 길이 열린다는 뜻이다. 말은 쉬워도 아집我執을 버리는 일은 죽는 일보다 어렵다. 하지만 마음먹기에 따라서는 이보다 쉬운 일도 없다. 그러므로 만사는 마음먹기에 달린 것이다.

실제 마음을 바꿀 사람은 내 자신

　마음을 어떤 사물이나 생각이나 신상神像에 빼앗기면 오직 스스로 죽음을 재촉하는 것이니 남을 원망할 이유가 없으며 하늘을 원망할 이유가 없다. 오직 스스로의 잘못을 참회해야 한다. 그러므로 죽음에 이르는 병을 얻었다면 먼저 스스로의 마음을 챙겨서 다스려야 할 것이다. 모든 병이 다 마음기운에서 나왔으니 질병 치유는 마음기운을 다스리는 데서부터 하라고 한다. 해월은 마음기운으로 병을 다스릴 수 있게 되면 '냉수라도 약으로 쓰지 않는다'고 하였다. 병이 외부의 물질로부터 왔다고 하는 사람도 있지만 그 근본을 따져 보면 모두가 마음이 불러온 것이니 마음을 바꿈으로써 치유하지 못할 병이 없다는 것이다. 혹 질병이 있는 사람은 자기 마음을 자기가 꼼꼼하게 살펴보아 어떤 마음을 어떻게 쓰고 있는지를 잘 보아야 할 것이다. 만약 어떤 마음을 쓰는지 스스로 분명하게 알았다면 그 마음을 쉽게 고칠 수 있을 것이다. 왜냐하면 그런 마음을 쓰지 않으면 질병은 고치려 하지 않아도 저절로 고쳐질 것이기 때문이다. 마음을 고치는 일은 가장 쉬우면서도 가장 어려운 일이기도 하다.

　많은 성현들이 어떻게 마음을 쓸 것인지를 분명하게 말씀하였다. 부처는 "온화함으로 노여움을 이기라. 선행으로 악행을 이기라. 배풂으로서 인색함을 이기라. 진실로써 거짓을 이기라"

고 하였다. 이대로만 한다면 마음의 평안과 세상의 평화는 저절로 올 것이다. 아씨시의 성 프란체스코의 평화의 기도도 우리 마음이 갈 길을 분명히 밝히고 있다.

나를 당신의 평화의 도구로 써 주소서
미움이 있는 곳에 사랑을
다툼이 있는 곳에 용서를
분열이 있는 곳에 일치를
의혹이 있는 곳에 신앙을
그릇됨이 있는 곳에 진리를
절망이 있는 곳에 희망을
어둠에 빛을
슬픔이 있는 곳에
기쁨을 가져오는 자 되게 하소서
위로받기 보다는 위로하고
이해받기 보다는 이해하며
사랑받기 보다는 사랑하게 하여 주소서
우리는 줌으로써 받고
용서함으로써 용서받으며
자기를 버리고 죽음으로써

영생을 얻기 때문입니다.

그렇지만 누가 내 마음을 이렇게 해줄 것인가? 기도하지만 실제 마음을 바꿀 사람은 내 자신이다. 그러므로 마음공부라 한다. 프란체스코의 기도처럼 마음을 쓰기 위해서는 이 마음은 한시라도 하늘을 잊지 않아야 할 것이다. 하늘을 잊지 않으면 하늘의 기운이 솟아나고 하늘의 평화가 점점 자라나니 그 끝에 이르면 한울기운과 하나가 되고 한울마음과 하나가 될 것이다. 그렇게 되면 어느덧 요란하던 마음기운은 성품 고요에 이르게 될 것이다. 그리하여 마음기운이 성품고요를 따르게 된다는 것은 내 마음이 하늘마음을 따르게 된다는 것이요, 세상에 물든 마음이 '본래의 나'의 마음을 따르게 된다는 뜻이다. 그러므로 한울님께 기도한다지만 실상은 자기의 '본래의 마음' 또는 '본래의 나'에게 기도하는 것이다. 그러므로 중요한 일은 이 '본래의 마음' 또는 '본래의 나'를 회복하는 마음공부이다.

마음공부는 내 마음을 온통 점령하고 있는 삿된 기운을 다스리는 일부터 시작한다. 수운은 한울님으로부터 영부를 받아서 세상 질병을 치유하라는 이야기를 들어서 스스로 영부를 그려서 불에 살라 먹었더니 어렸을 때부터 있던 질병이 모두 치료되었다고 하였다. 다른 사람에게 써 보니 낫는 사람도 있고 낫지 않는 사람도 있는데 그 원인은 영부靈符를 먹는 사람의 정성에 달려 있었다고 말하였다. 즉, 먹는 사람의 마음 여부에 따라서 그 기운이 작동하기도 하고 작용하지 않기도 한다는 것이다.

해월은 영부에 대하여 말하는 가운데 영부란 다른 것이 아니라 바로 마음이라고 하였다. 영부라 하면 대부분 사람들이 종이에 붓으로 그리는 어떤 부적이라고만 생각하기 때문에 해월은 영부란 마음기운을 형상화한 것이라는 점을 강조한 것이다. 이 마음기운에 통하면 마음으로 질병을 치유할 수 있게 된다. 그러므로 외부의 기운이라 할 수 있는 약을 쓰기 이전에 마음을 다스림으로써 병을 치유하는 길이 영부이다.

수운은 나의 마음을 온통 점령하고 있는 나쁜 기운들을 싹 쓸어 내어 맑고 깨끗한 어린아이 마음을 기르라고 하였다. 그렇지만 이미 내 마음을 점령하고 있는 이 나쁜 기운들을 어떻게 몰아낼 것인가? 요란하고 비열하고 누추한 마귀들을 어떻게 쫓아낼 것인가? 해월은 대방가의 수단이 아니고서는 참으로 어려운 일이라고 하였다. 그렇지만 하늘의 마음기운이라면 못할 일이 없을 것이다. 내 마음을 온통 점령하고 있는 이 모든 악당들을 단숨에 물리칠 수 있을 것이다. 하늘로부터 받은 주문과 영부가 필요한 이유가 여기에 있다. 모든 기운의 으뜸이며 모든 마음의 원천이며 모든 조화의 본령인 지극한 하나의 기운이라면 그 어떤 편협하고 사악하고 흉악한 기운이라도 다 다스릴 수가 있을 것이다. 그러므로 수운은 자신의 길을 큰 길大道이라 하였다. 마음이 하늘의 큰 길을 따르는 3단계의 길을 의암은 제시한다.

마음이 하늘의 큰 길을 따르는 3단계의 길

마음은 본래 자유롭게 태어났으나 사물과 욕망에 매여 노예가 되었으니 안타까운 일이다. 마음을 비우면 실상이 드러난다. 비고 빈 가운데 오직 빛이 스스로 나타날 뿐이니 의암은 이런 마음의 경계를 허광심虛光心이라 하였다. 어둠이 사라지고 밝음이 찾아오니 삼라만상이 모두 제 빛깔을 드러내 세상이 온통 무지개 색깔이다. 검은 것은 검고, 흰 것은 희고, 착한 사람은 착하고 사악한 사람은 사악하고, 부자는 부자이고 가난한 사람은 가난하다. 모두가 어찌하여 그렇고 그렇게 되었는지 궁금증이 사라진다. 그렇게 되게끔 생각하고 말하고 행동하였으니 그리 되었을 따름이다. 허광심이란 만 가지 일의 인과가 훤하게 보인다는 것이다. 어떤 생각이나 말이나 행동이 일단 나오면 반드시 나온 곳으로 되돌아오는 변치 않는 우주법이 뚜렷하게 보인다는 것이다. 허광심이 생겨나 모든 인연법이 밝아지고 나면 남을 탓할 일이 사라져 버린다.

촉촉한 대지를 뚫고 올라오는 새싹들에서 지난 가을에 맺힌

씨앗을 볼 것이며, 무성한 가지와 이파리로 뒤덮인 한여름의 정열에서는 지난 한겨울의 삭막하고 쓸쓸함 속에서 지어낸 온갖 가지 상상의 파노라마를 볼 것이다. 봄·여름·가을·겨울이 떨어진 것 같지만 하나로 통해졌음을 알게 된다. 그리고 어떤 계절이라도 하늘의 축복이요 하늘의 은총임을 생각하게 된다. 가을에 수확할 것이 없다고 불평하지도 않으며 겨울에 입을 옷이 없다고 불평하지도 않을 것이다. 왜냐하면 봄에 씨앗을 뿌리지 않았음을 알기 때문이며, 여름에 열심히 일하여 옷을 장만하지 못했음을 알기 때문이다. 이를 알게 되면 다른 사람의 말을 기다리지 않아도 저절로 남을 돕고 봉사하고 헌신할 수 있게 된다. 뿌린 대로 거두기 때문이다.

마음공부의 어려움에 대하여 해월은 괴롭다고 생각하면 인생은 괴로움의 연속이고 즐겁다고 생각하면 즐거운 것이 인생이라 하였다. 그러므로 마음공부를 하려면 자신에게 닥쳐오는 원치 않는 수많은 일들을 너른 마음으로 기쁘게 받아들이는 훈련부터 시작해야 할 것이다. 지금 나에게 닥쳐오는 일들은 모두 자신이 뿌린 것들이기 때문에 너른 마음으로 받아들여야 한다. 그렇지만 인연법이 환하게 밝아지지 않는 한 모든 일들을 너른 마음으로 받아들인다는 것은 불가능에 가깝다. 피할 수 없는 인연의 사슬이 얼마나 질겼으면 불가에서 인생은 고해라고 하고 기독교에서는 인간은 원죄를 안고 태어났다고 했겠는가?

비록 허광심이 되어 인연법을 환하게 알더라도 원인에 따른 결과를 인내하며 받는 일은 참으로 어렵다. 마음공부를 하는 것은 어려운 일을 쉽게, 불가능을 가능으로, 불행을 행복으로 만들기 위함이다. 어떤 일이라도 즐거운 생각으로 마음을 너르게 쓰라는 것이다. 즐겁고 너르게 마음을 쓰는 가장 좋은 길이 마음을 바다처럼 넓게 하늘처럼 무한하게 쓰라는 것이다. 그렇게 자꾸만 마음을 다스리다 보면 마음이 바다처럼 넓어져서 항공모함을 받아들여도 흔들리지 않고, 우주를 다 받아들여도 오히려 빈 하늘처럼 무한해질 수 있다는 것이다. 마음이 그렇게만 된다면 무슨 일인들 받아들이고 용서하지 못하겠는가? 우리들은 죽음까지도 즐겁게 받아들이면서 오로지 덕을 무한대로 베푼 성인들의 삶을 보게 된다. 그렇게 되기 위해서는 마음이 바뀌어야 하는 것이다.

의암은 마음이 모든 것들을 똑같이 바라보는 여여심如如心에 이르러야 본래 불안한 파동의 세계에서 평안의 세계로 접어들게 된다고 하였다. 모든 색깔이라는 것은 굴절과 반사에 의한 것이며 그 근원은 오직 비고 없는 무색이니 이 빛깔 없는 광원은 오직 하나의 빛깔없는 빛일 따름이다. 여기에 이르면 그 무수한 색깔들이 모두 다 사라져 버린다. 흑백이 평등하고, 선악이 평등하고, 빈부가 평등해진다. 다 같아져 버리는 것이다. 칭찬과 비난이 같으며, 생사가 같으며, 남녀가 같으며, 선악이 같으며, 밤낮이 같으니 천당과 지옥도 또한 같을 뿐이다. 그 어떤 경계를 만나더라도 마음은 흔들림이 없으며 그대로 여여하니 마음은 평화에 깃들게 된다. 일체의 차별상들이 맥을 추지 못하며 일체의 장애물들이 스스로 허물어져버린다. 밖의 어떤 경에도 흔들리지 않고 물들지 않으면서 그렇게 편안한 마음을 갖기가 얼마나 어려운가? 그렇지만 그런 마음의 경계로 살아가신 분들이 적지 않다.

새는 하늘을 날아도 흔적을 남기지 않으며 도인은 강물을 건너도 발에 물이 묻지 않는다는 말이 있다. 수운은 억수처럼 쏟아지는 빗속에서 말을 타고 강물을 건너 아버님의 묘소에 다녀왔어도 옷이 하나도 젖지 않았다는 일화가 전해지며 해월은 진흙탕 길을 걸었어도 버선이 더러워지지 않았다고 한다. 마음만 여여如如한 것이 아니라 몸도 그러하였던 것이다.

의암은 여기에서 멈추면 찬성하지 않으니 한 걸음을 더 나아가 자유심自由心을 얻으라고 한다. 그렇게 되면 스스로가 곧 빛의 원천 자체가 되니 일체 만유가 오직 나로 말미암아 빛나게 된다. 빛 자체가 되어 우주를 밝히니 자유라 한다. 그리 되면 구할 것도 없으며, 더할 것도 없으며, 되고자 하는 바도 없으며, 말할 것도 없으며, 알 것도 없게 된다. 우주의 중심이 되며, 만유의 뿌리가 되며, 만인의 근본이 되며, 만상의 으뜸이 된다. 모든 것이 자유하니 나는 어디에서 찾을 것이며 마음은 또 어느 곳에서 찾을 것인가? 그러니 마음이 없음을 바라보라고 한다. 누가 무엇을 바라볼 수 있겠는가?

마음이 완전히 사라진 그 허공을 일러 성품이 있다고 말한다. 오직 스스로 존재할 뿐이다. 마음이 없으니 자유하며, 마음이 없으니 오직 하늘이 있다. 헌신과 공경이 극에 이르니 어느덧 나는 비어 사라지고 있는 것은 오직 하늘뿐이다. 그곳에는 오직 자유가 있으며, 영생이 있으며, 평화가 있다.

제8장 성품은 고요하니 없고, 마음은 비었으니 없다
第6觀法 性無觀 心無觀

제4·5관법을 관하였으면 제6·7관법은 쉬워진다. 왜냐하면 성과 심을 유무로 이미 관하였기 때문이다. 그렇지만 성심이 둘다 없음을 뚜렷하게 보아야 어느 한쪽의 있음에 매이지 않게 되기 때문에 의암은 제6관법을 부득이 제시하고 있다.

'성품도 없고 마음도 없다' 는 제6관법은 일체의 있음에 매달린 마음을 털어 버리라 한다. 비록 마음은 비었으나 물건에 응하니 없다고 할 수 없을 것이나 왜 없다고 하는가? 물건과 사태에 따라서 희노애락애오욕喜怒哀樂愛惡欲을 느끼는 마음은 분명 없다고 할 수 없지만 왜 없다고 하는가? 여기에서 마음이 없다는 것은 이렇게 활동하는 마음은 진짜 마음이 아니라는 뜻일 것이다. 마음에는 물들고 흔들리고 움직이는 마음도 있지만, 마음이 고요해지면 물들지도 않으며 흔들리지도 않으며 움직이지도 않는다. 마치 거울 본체와 같이 장미꽃이 오면 붉게 물들어 보이지만 실상 비고 고요한 마음은 물들지 않는다. 그렇기 때문에 마음이 없다고 한다.

이렇게 고요한 마음을 한울마음 또는 성품이라고 하여 마음의 또 다른 경계를 표현한다. 흔들리는 갈대를 보면 갈대에 물든 마음은 움직이지만, 비고 고요한 본래의 마음은 흔들리지도 않으며 물들지도 않는다. 이 본래의 마음은 흔들리지도 않고 물들지도 않는다고 하며 또는 비고 고요하다고 한다. 아직도 내 마음이 물들고 흔들리는 경계에서 벗어나질 못했다면 마음은 언제나 물들고 흔들리면서 있을 뿐이다. 그러나 내 마음이 이 경계에서 완전히 벗어나면 마음은 비고 고요해진다. 비고 고요하기 때문에 마음이 없다고 하는 것이다. 이 비고 고요한 마음을 움직이고 활동하는 마음과 구분하여 성품이라고 부른다. 그러나 이 비고 고요한 성품이 있다고 생각하여 성품을 조각하여 벽에 걸어 놓는 사람도 없지 않다. 그렇지만 무형의 성품을 유형의 상으로 만들어 걸어 놓고 숭배하고 절하면 마음은 혼동에 빠지게 된다. 왜냐하면 무를 유로 착각하기 때문이다.

성품도 없고 마음도 없으니 성품에 매달일 일도 없으며 마음에 집착할 일도 없다. 모든 종교들은 비고 고요한 이 성품과 이 마음으로부터 나왔지만 오히려 한쪽으로는 성품을 세우고 다른 쪽으로는 마음을 세우고자 한다. 그리하여 비고 고요한 성품을 절대와 초월의 상으로 세우고 만리만사를 움직이는 마음을 전지전능한 신상으로 세워 그 제단에 제물을 차려 숭배한다. 이렇게 되면 종교는 더 이상 성심을 가르치는 것이 아니라 오히려 우상을 숭배하고 미신에 빠진다. 그리하여 만유를 낳은 초월적 절대신의 신상을 모시기도 하고, 만사를 다 알고 보살피는 천개의 손을 가진 신상을 모시기도 한다. 그렇지만 내 마음이 비고 고요한 데 이르지 않고 내 마음이 우주의 한 기운과 통하지 않고서 아무리 많은 신상들을 세우고 아무리 많은 경전들을 외운들 무슨 소용이 있겠는가? 그것이 성품을 형상화한 신상이든 아니면 마음을 형상화한 신상이든 낡고 허무한 종교 관행을 버리고 오직 스스로 비고 고요해져서 우주 삼라만상에 통하는 하나의 호연지기에 통하라는 것이 여섯 번째 관법이다. 이렇게 된다면 집착할 허공무虛空無가 어디에 따로 있겠으며, 숭배할 신상이 어디에 따로 있겠으며, 순례할 성지가 어디에 따로 있겠는가?

머무는 곳이 없기에 무극대도에

지금 여기에서 일어나고 있는 생각마다 비고 고요한 가운데서 일어나는 것이며, 지금·여기에서 활동하고 있는 모든 존재자들이 다 신성의 드러난 모습들이며, 지금·여기가 곧 중심이요 성지이니 갈 곳이 어디에 있겠는가? 선禪에는 '만법이 하나로 돌아간다면 그 하나는 어디로 돌아가는가'라는 화두가 있다.(조주종심(趙州從諗, 778~897) 선사는 고불古佛이라는 말을 듣는 천하의 명종장이다. 이 공안은 조주 스님의 말씀인데, 선요에서 고봉 스님이 여러 번 거론하여 우리나라에도 이 화두로 공부하는 선객들이 많다. 조주록, 조당집, 전등록, 벽암록 등에 모두 실려 있는 유명한 화두다. 한 스님이 조주 스님에게 물었다. "모든 것이 하나로 돌아가는데, 그 하나는 어디로 돌아갑니까?" 조주 스님이 대답하였다. '나는 청주에 있을 때 배적삼 하나를 만들었는데, 그 무게가 일곱 근이었다.") 어디로 돌아갈 것인가? 만법이 곧 하나면 돌아갈 곳도 없다. 있는 그대로가 곧 불법이며 진리며 하나이다. 성심 본체라고 하면 마치 성심본체라는 것이 있는 것으로 생각하므로 제6관법에서는 성품이라는 것도 없고 마음이라는 것도 없음을 보라고 한다. 성품이 있다거나 마음이 있다고 하면 어느 한 곳에 매달리려고 하니 아예 그런 마음의 싹을 처음부터 잘라 버리려는 것이다. 돌아갈 하나가 어디 따로 있는 것이 아니다. 있다고 하면 어떤 사람들은 성품에 매달리고 어떤 사람들은 마음에 매달리니 머무는 곳이 없는 마음을 열어 젖히기 위해서는 대도의 실상을 보고 또 볼 일이다.

성품도 없고 마음도 없음이 확연하면 마음은 겁회로부터 해탈하여 스스로 자유롭게 될 것이다. 이때에 이르러 비로소 의암이 가르치고자 하는 체가 없는 법無體法이 밝아져 스스로 무극대도가 이루어질 것이다. 머무는 곳이 없기에 무극대도라 하였으며, 그 무슨 체가 있는 것이 아니기 때문에 무체법이라 한 것이다. 『무체법경』은 머무는 곳이 없는 무극대도에 이르는 길을 가르치고 있다.

유有에 사로잡힌 사람들은 스스로 대도를 주장하지만 무체법을 터득한 사람은 주장할 그 무엇도 가지고 있지 않다. 그 어디에도 매이지 않았기 때문에 자유할 수 있으며, 자유하기 때문에 우주만유가 모두 그의 것이다. 우주만유가 모두 그의 것이기 때문에 우주만유를 자유로 쓴다. 의암은 이러한 경지를 일컬어 '자유심'이라 하였으며 자유심은 '공도공용公道公用'한다고 풀이하였다. 하늘의 도를 하늘이 쓰는 것이다. 나도 없고 하늘도 없으니 누가 누구를 쓸 일도 없다. 하늘이 하늘 일을 할 뿐인 것이다. 그러므로 예로부터 현묘玄妙라 하였고 묘용妙用이라 하였다. 없는 가운데 일체의 모든 일이 일어나고 일체의 모든 사물이 생겨나 운행되고 있으니 현묘하다고밖에 달리 표현할 수 없겠다. 수운은 '무위이화無爲而化'라는 도가적 표현을 하였다. '무위이화'라 하면 흔히 아무런 일도 하지 않는 것으로 이해하지만 실상은 모든 일을 오직 한울마음으로 한다는 뜻이다. 즉, 마음에 자기 자신이 한다는 생각이 추호도 없는 경지라 하겠다. 자연만물이 그러하듯이 인간만사도 이렇게 운행된다는 뜻이다. 즉, 하늘의 뜻에 한치의 어긋남도 없이 딱 맞아 떨어지게 돌아간다는 것이다. 그러므로 작위作爲나 인위人爲가 끼어들 틈이 없는 것이다. 세상은 거짓으로 가득하지만 우리 도는 무위이화로 오직 진실한 세상을 건설해 나간다.

히말라야보다도 높은 산이 앞을 가리고 태평양보다도 너른 바다가 앞을 가로 막아도 대도를 구하는 사람은 그 걸음을 멈추지 않는다. 칠흑 같은 밤의 마귀가 생명을 위협하더라도 대도를 따르는 사람은 무서워하지 않으며, 뱀의 지혜를 가진 악마가 사방에 음험한 덫을 놓더라도 하늘에 순종하는 사람은 빠지지 않는다. 환영의 어두운 그림자가 천지를 다 가려도 진실한 사람의 가슴에는 홀로 진실한 태양이 빛날 뿐이다. 그 어떤 것도 이 마음을 움직일 수 없으며, 물들일 수 없으며, 빼앗을 수 없으며, 죽일 수 없다. 이 마음은 제6관법을 통과했기 때문이다.

우리의 마음은 양 극단을 안고 있으니

마음 한편은 움직이지 않지만 다른 한편으로는 세상 사람과 함께 아파하고 세상 사람과 함께 즐거워한다. 이 모순적 일이 어떻게 동시에 일어나는 것일까? 신묘하다고밖에 표현할 수 없다. 그러나 위에서 말한 거울의 이야기를 기억하고 있다면 사실 별로 신묘한 일도 아니다. 마음 한편은 고요하면서도 밖에서 일어나는 일들에 대하여 정확하게 감응한다. 고요하면서 감응하는 것은 거울이 본래 그러하듯이 본래의 마음도 그렇게 생겼다는 것이다. 고요하기만 하고 감응하지 않아도 안 되며, 감응하면서 고요하기만 해도 안된다. 고요하기만 하고 감응하지 않으면 공에 빠진 마음이며, 감응하면서 고요하지 못하면 흔들리는 현상에 빠진 마음이다.

고요하면서 감응하는 경지를 의암은 견성각심見性覺心으로 표현하였다. 견성하면 고요를 알고 각심하면 변화를 알게 된다. 수운의 표현으로 하자면 견성하면 천주 모심을 알고 각심하면 마음 조화를 알게 되는 것이다.

유가에서 말하는 허령지각虛靈知覺은 언제나 붙어 있어야지 허령만 있고 지각만 있는 경우는 없다. 비어 있으면서 동시에 앎이 있는 것이다. 보다 오래된 표현은 역易의 '고요하여 움직이지 않으면서 느껴 반드시 통한다(寂然不動 感而遂通)'는 표현이다. 적연부동과 감이수통은 언제나 동시에 함께 하는 것이다. 고요하면서 통하여 다 느끼는 것이다. 이러한 개념들은 다 마음의 고요하고 감응하는 이치를 분명하게 표현하기 위함이다.

우리의 마음은 양 극단을 안고 있으니 의암은 마음 한쪽으로는 여여적적如如寂寂하고 다른 한쪽으로는 진진몽몽塵塵濛濛하다고 표현하였다. 비고 티끌이 자욱한 세상을 정으로 가득 채우니 그것이 원원충충圓圓充充한 마음이다. 마음이 빈 세상과 티끌 세상을 정情으로 가득 채워 통하지 아니하는 곳이 없게 되니 이 마음이 본래의 마음이다. 여여적적한 마음은 흔히 비었다고 말하고 없다고 말하는 반면 진진몽몽한 마음은 흔히 충만하며 있다고 말한다. 본래 마음은 비고 없는 한편과 티끌의 세상을 다 자기 품안에 안고 있는 것이다.

해월은 내 마음의 고요를 천지부모天地父母라 하였고, 내 마음의 활동을 이천식천以天食天이라 하였다. 수운은 비어 무한한 마음을 무극대도無極大道라 하였고, 활활발발하게 운동하는 마음을 무위이화無爲而化라 하였다. 비록 표현은 다르지만 무형하면서도 자취가 있는 천주 조화를 그려내는 말들이다. 왜 말이 다르냐고 따지는 사람이 어느 세월에 저 하늘의 달을 보랴. 비고 고요한 마음이든 티끌에 물든 마음이든 실체가 있는 것은 아니다.

그러면 진리는 '성품도 없고 마음도 없는' 곳에서 그치는가? 아니다. 흔히 비고 끊어졌다空斷는 데에서 멈추게 되면 성품도 아니고 마음도 아니라고 할 수 있다. 비고 끊어진 것이 아니라 실상 성심본체는 우주에 빈 틈을 남겨 두지 않고 꽉 차 있다. 즉, 아니 계신 곳이 없는 것이다. 이제 자연스럽게 '성품도 있고 마음도 있다' 는 관법을 꿰뚫을 때가 온 것이다.

제9장 성품도 있고 마음도 있다
第7觀法 性有觀 心有觀

　성품은 우주만유를 만든 기본 원리이고 기본 재료인데 성품이 없으면 우주도 없으므로 어찌 성품이 없다고 하겠는가? 원리 원소로서의 성품은 우주에 꽉 차 있으니 있고 또 있는 것이 성품이다. 그러나 성품은 비고 고요하니 보이지 않을 따름이며 마음이 비고 고요한 경지에 이르면 비로소 우주만유에 꽉 찬 성품을 보게 된다. 마음이 있으니 이 모든 생각들을 하며 말을 하며 글을 쓸 수 있다. 없는 곳에서부터 끊임없이 솟구치는 기운들을 받아서 생각도 하고, 말도 하고, 손가락도 움직인다. 모든 일들을 하면서도 보이지 않으니 없다고 하지만 마음이 없고서야 무슨 활동이 이 우주 간에 있겠는가? 마음기운이 비고 고요한 성을 묶어서 유형화하여 우주가 생겨나게 된 것이다. 그러므로 마음기운이 없으면 비록 원리원소가 있더라도 유형의 세계는 있을 수 없다. 또한 성품이 없으면 우주의 재료와 우주를 만드는 이치가 없으니 비록 마음기운이 제아무리 능력이 뛰어나도 우주가 있을 수 없다. 그러므로 우주 간에 참으로 존재하는 것은 오직 성품과 마음뿐이다.

마음기운은 타오르는 불길처럼 하늘을 뒤덮어 세상을 밝히고 있다고 의암은 말한다. 또한 만약 이 마음이 비고 끊겨 버리면 이치가 또한 반드시 비고 끊기리니 그렇게 되면 이치도 없고 성품도 없다고 의암은 말하였다. 마음이 있어야 성품도 있고 이치도 있는 것이다. 그러므로 성품도 있고 마음도 있다. 없으면서도 있는 이 묘용妙用을 잡지 못한다면 우리는 성품의 비고 고요한 골짜기에 빠져 죽거나 기운의 천변만화에 휘둘려 버릴 것이다. 고요하면서도 활발한 성심묘체에 이를 때 내 마음은 자유심에 이른다.

있는 것은 오직 성심본체뿐이다. 성심본체는 나에게 있으며 모두에게 있으니 나와 세계가 있다고 하지만 본래 있는 것은 나와 세계의 근본 바탕에 있는 성심본체일 뿐이다. 그러므로 존재하는 것은 오직 성심본체일 뿐이다. 그 이외의 수많은 이름들을 가진 존재자들은 단지 성심본체에서 나왔을 뿐이다. 흔히 음양이 있다, 기운이 있다, 귀신이 있다, 천지가 있다고 말하지만 있는 실상은 성심본체일 뿐이다. 그러므로 성심본체로 보자면 음은 성이며 양은 심이고, 수렴하는 기운은 음이며 확장하는 기운은 양이다. 귀鬼는 성이며 신神은 심이다. 천은 성이고 지는 심이다. 해월의「천지인·귀신·음양」에서 이 점을 잘 밝히고 있다. 있는 것은 오직 성심본체이며 그 처한 양상에 따라서 여러 가지 이름들이 있을 뿐이다. 다양한 이름과 많은 역할이 있다고 하여 본체가 바뀐 것은 아니다. 오직 하나의 본체가 많은 이름들과 많은 역할들을 수행해 나가고 있을 뿐이다.

이 성심본체를, 육신과 사물에 빠진 마음物情心과 구분하여 '본래의 나'라고 한다. 사람이 하늘이라는 것은 육신으로서의 사람과 물정심으로서의 사람이 하늘이라는 말이 아니라 성심본체의 내가 곧 하늘이라는 뜻이다. 사람이 하늘이라는 것은 서구의 휴머니즘에서 말하는 사람이 아니다. 사람이 하늘이라는 것은 사람의 성심본체를 말하는 것이다. 이 성심본체는 우주본체이기도 하다. 알고 보면 육신과 물정심도 다 성심본체로 말미암아 생겨난 것이므로 실상 육신과 물정심이라는 것도 알고 보면 성심본체의 형상일 따름이다. 성심본체가 자연 사물과 물정심을 떠나서 따로 존재할 수 없다. 성심본체는 자연 사물과 물정심의 본원이자 근본이자 정수이다. 그러므로 해월은 만물의 정精은 하늘이라고 하였다. 자연 사물의 가장 깊은 내면을 들여다보고, 인간 마음의 가장 깊은 들여다보면 나타나는 것이 바로 성심본체이다. 그 어느 곳에도 성심본체가 없는 곳이 없으며 그 어떤 때라도 성심본체가 작용하지 않는 때가 없는 것이다. 우주는 이 성심본체를 얻지 못하면 존재할 수가 없다.

의암은 「수수명실록」에서 '밝지 아니한 때가 없고無時不明 가르치지 아니한 때가 없다無時不敎'고 하였다. 그럼에도 불구하고 세상이 이토록 어둡고 마음이 이토록 한울님의 가르침을 받지 못하는 것은 모두가 물욕과 아집에 사로잡힌 마음 때문이다. 이런 마음을 걷어내면 언제나 청천백일이며 언제나 한울님의 가르침 속에서 살아가게 된다.

몸과 마음 그리고 성품의 실상이 곧 하늘 자체

성심본체를 안다는 것은 성심본체가 우주만물을 이룬 천지부모임을 아는 것이며, 우주만물을 움직이는 혼원일기임을 아는 것이다. 성심본체를 안다는 것은 또한 내 안에 천주를 모시고 있음을 아는 것이며, 우주를 움직이는 하나의 혼원한 조화기운에 합일되었음을 아는 것이다. 그러므로 성심본체를 알게 되면 '본래의 나'를 회복하여 장차 만물萬物을 하나의 기운으로 돌아가게 하고, 만인萬人을 한마음으로 통일시키고, 나아가 만신萬神을 하나의 신으로 관통시킬 것이다. 이러한 시기를 '다시개벽' 또는 '후천개벽'이라고 한다.

성심본체는 늘어나지도 않으며 줄어들지도 않고, 태어난 적도 없으며 죽는 적도 없다. 이 존재는 영원하며 무한하다. 이 존재를 일러서 하늘이라 한다. 의암은 몸 하늘身天과 마음 하늘心天 그리고 성품 하늘性天이라는 개념을 사용하였는데 이는 몸과 마음 그리고 성품의 실상이 곧 하늘 자체라는 뜻이다. 겉으로 보면 몸과 마음 그리고 성품으로 보이지만 실상을 보면 몸도 하늘이고 마음도 하늘이고 성품도 하늘이라는 뜻이다. 그러므로 본체를 보는 사람은 어디에서 무엇을 보든지 오직 성심본체를 볼 뿐이다. 성심본체에 이른 사람은 길가의 바위에서도 하늘을 보며, 언덕의 이름 모를 잡초에서도 하늘을 본다. 나는 새와 뛰노는 다람쥐와 뛰어오르는 물고기에서도 하늘의 약동을 본다. 병든 늙은이에게서도 하늘을 보고, 지하도의 걸인에게서도 하늘을 보며, 새벽 가로등 아래의 청소부에게서도 하늘을 본다. 천지사방을 둘러볼 때 오직 보이는 것이 하늘이 되면 이 사람은 언제나 한울님과 함께 있게 된다. 궁극에 이르게 되면 성심본체가 되어 버린다.

이렇게 되기 위해서는 마음이 한 순간도 이 본체에서 떠나지 않아야 하는데 주문에 '영세불망永世不忘'이 들어간 이유가 여기에 있다. 해월은 사람과 하늘 사이에는 한 가닥의 머리카락도 용납지 않는다고 하였다. 의암은 하늘의 덕과 스승의 은혜를 영원토록 잊지 않게 되면 지극한 하늘의 기운에 이르고 지극한 성인의 경지에 이르게 된다고 하였다. 이렇게 되는 것을 영원히 잊지 아니하여 만사에 통하게 되는 것이라고 하였다.

불가에서는 마음이 본체와 떨어지지 않는 경지를 선(禪, Dhyana)이라고 한다. 언제 어디서나 불성과 함께 하는 것을 '무시선무처선無時禪無處禪'이라고 하였다. 선에 들었다는 것은 언제 어디서나 궁극 본체와 함께 있다는 뜻이다. 하늘과 한시도 떨어지지 않고 함께 움직이는 마음을 유가에서는 '성誠'이라 하였다. 정성이란 늘 하늘과 함께 하여 쉬지 않으며 하늘처럼 진실하다는 뜻이다. 이 정성으로 자연 사물도 생겨났고 사람도 생겨났다. 이렇듯이 마음이 하늘과 하나되고 자연 사물과 하나되었으니 '사람이 곧 하늘이다人乃天'라고 하고 '물건마다 하늘이며 일마다 하늘이다物物天事事天'라고 하며 '한울마음이 사람마음吾心卽汝心'이라고 한 것이다. 그러므로 수운은 '내가 나 된 것 이외에 다름이 아니라'고 하였으며, 해월은 '나의 굴신동정이 곧 귀신이며 조화며 이치기운'이라고 하였으며, 의암은 '내 마음에 절하고 내 마음에 정성하고, 공경하고, 믿고, 법하라(自心自拜 自心自誠 自心自敬 自心自信 自心自法)'고 하였다.

성심의 유무를 다룬 제5·6·7관법을 통하여 의암은 '본래의 나'를 정립하게 되었다. 그렇다면 이 '본래의 나'는 어떠한 존재이며 어떤 일을 하는가?

제5부

새 하늘과 새 땅의 열림

성심본체가 곧 '본래의 나'다. 이 '본래의 나'가 실제 존재하며 다른 무엇보다도 앞선다. 의암은 '본래의 나'를 세 가지 차원에서 관하고 있다. 먼저 제8관법에서는 시간관의 차원에서 '본래의 나'가 있고서 하늘이 열리게 되었다는 점을 관하라고 한다. '본래의 나'는 천지의 시원始原이며, 우주의 시원이며, 대도의 시원임을 보라고 한다. 제9관법과 제10관법은 이 '본래의 나'가 있고서야 하늘도 있으며 땅도 있음을 바라보라고 한다. 제9관법은 '본래의 나'에 의하여 열리는 새 하늘을 보라고 하며, 제10관법은 '본래의 나'에 의하여 열리는 새 땅을 관하고 있다. 한마디로 말하자면 제9·10관법은 다시개벽을 말하고 있는 것이다.

제10장 '본래의 나' 이후에 천지가 개벽했다
第8觀法 我先觀 天後觀

시간은 '본래의 나'로부터 탄생했다. 그러므로 '본래의 나'는 시원始原이다. 오직 있을 뿐인 이 '본래의 나'의 존재 이후에 천지가 개벽했다. 그러므로 '하늘이 자시에 열리고 땅이 축시에 열리고 사람은 인시에 태어난다(天開於子 地闢於丑 人生於寅)'는 문구가 혼동을 일으킬 수 있다. 왜냐하면 천지가 태어난 다음에 사람이 난 것으로 말하지만 천지인에 앞서서 '본래의 나'가 앞선다고 하니 습관된 생각에 혼동을 일으킬 수 있다. 여기에서 말하는 '본래의 나'는 천지 탄생 이후에 태어난 사람을 뜻하는 것이 아니라 하늘과 땅이 갈라지기 이전부터 본래 있으며 하늘과 땅이 다한 이후에도 본래 있는 존재 자체를 뜻한다. 이 존재 자체가 '본래의 나'이므로 천지가 '본래의 나' 이후에 나왔다는 것이다. 내가 앞이고 하늘이 뒤라는 제8관법은 이런 '본래의 나'를 말하고 있다. 의암은 성품한울性天도 또한 '본래의 나'에 기초하고 있으며 억억만년이 나로부터 시작되었고 또한 억억만년이 나에게 이르러 끝난다고 하였다.

나의 기점은 성천의 기인한 바요, 성천의 근본은 천지가 갈리기 전에 시작하여 이 때에 억억만년이 나로부터 시작되었고, 나로부터 천지가 없어질 때까지 이 때에 억억만년이 또한 나에게 이르러 끝나는 것이니라.(『無體法經』, 「性心辨」)

'본래의 나'는 흔히 생각하는 세상 사람을 뜻하지 않는다. '본래의 나'는 우리들이 나라고 생각하는 그런 나를 뜻하는 것이 아니다. 종종 이렇게 생각하여 쓸데없는 분란과 갈등을 일으키는 경우가 있기 때문에 이 점을 분명히 해 둘 필요가 있다. '본래의 나'는 천지인의 바탕이다. 따라서 '본래의 나'에 이르면 천지인의 근본 바탕에 통하여 천지인을 하나로 꿰뚫게 된다. 제8관법에서 '나'는 '본래의 나'이지 결코 천지 이후에 태어난 '나'가 아니다. '본래의 나'에 대한 의암의 표현을 보면 이 점이 더욱 분명해진다.

나에게 한 물건이 있으니 물건이란 것은 나의 본래의 나니라. 이 물건은 보려 해도 볼 수 없고, 들으려 해도 들을 수 없고, 물으려 해도 물을 곳이 없고, 잡으려 해도 잡을 곳이 없는지라, 항상 머무는 곳이 없어 능히 움직이고 고요함을 볼 수 없으며, 법으로써 능히 법하지 아니하나 만법이 스스로 몸에 갖추어지며, 정으로써 능히 기르지 아니하나 만물이 자연히 나는 것이 니라. 변함이 없으나 스스로 화해 나며, 움직임이 없으나 스스로 나타나서 천지를 이루어내고 도로 천지의 본체에서 살며, 만물을 생성하고 편안히 만물 자체에서 사니, 다만 천체를 인과로 하여 무선무악하고 불생불멸하나니 이것이 이른바 본래의 나니라.

스스로 변함이 없으면서도 만유를 전부 다 만들어냈으니 만유가 다 '본래의 나'로부터 생긴 것이며 밖에서 생긴 것이 아니다. '본래의 나'를 체로 하여 여러 가지 형상으로 나타났을 따름이다. 이 '본래의 나'는 움직이지 않으면서도 스스로 모습을 드러내어 천지를 이루어내고 우주를 형성하였고 사람을 이루어내게 된다. 그러므로 우주만유 가운데 '본래의 나'로 말미암지 아니한 것이 없으며 우주만유의 한가운데 '본래의 나'가 타지 아니한 곳이 없게 된다. 이 '본래의 나'는 어떤 인연을 기다려 태어난 것이 아니라 인연없이 스스로 태어났다. 그러므로 이 '본래의 나'는 인연에 매이지 아니하며 일체의 인연으로부터 자유롭다. 그렇다고 초월하여 절대의 경지에 홀로 있는 것이 아니라 인연 없이 일체를 생성·변화·소멸하는데 간섭치 아니한 바가 없으니 이를 신비라 아니할 수 없다. 불가에서는 '진공묘유眞空

妙有'라는 말로 표현한다. 없으면서 있는 이 '본래의 나'를 찾아서 멀리 길을 떠난다는 것은 어리석음의 소치일 뿐이다. 이미 자신에게 갖추어져 있는데 무엇을 찾아서 어디로 떠난단 말인가? '아기를 업고 아기 찾아 삼만리를 떠난다'는 말이나 '봄을 찾아 천하를 주유하다가 집 울타리의 복숭아 꽃에서 봄을 찾았다'는 이야기나 모두 본래부터 있는 '본래의 나'에 대한 이야기들이다. 그러니 공부하는 사람들은 '본래의 나'가 드러날 때까지 뚫어지게 바라볼 일이다.

주문은 시간의 벽을 뛰어넘는 하늘의 힘

이 '본래의 나'는 일반적인 감각에는 잡히지 않는다. 오직 영감靈感으로 알 수 있으니 '본래의 나'가 거울처럼 빠짐없이 비추어 주는 것을 영靈이라 하니 영은 모든 감각의 주인이다. 그러므로 영이 보지 못하고, 듣지 못하고, 느끼지 못하는 것은 없다. 만가지 이치와 만 가지 법 그리고 만 가지 일을 모두 다 보고 들으니 오직 영靈이 하는 일이다. 이 영의 주인이 '본래의 나'이다.

이 '본래의 나'가 깨어나서 하늘이 되었으며, 땅이 되었으며, 사람이 된 줄 알았으니 '만고없는 무극대도'가 탄생한 것이다. 만고없는 무극대도란 음양陰陽, 귀신鬼神, 천지天地, 이기理氣 등이 모두 '본래의 나'로 통해졌음을 알았으니 오만년만의 처음으로 있는 일이었다. 또한 천지가 있은 다음의 사람이었으나 '본래의 나'가 있은 다음에 천지가 있음을 깨달았으니 이를 일러 '후천 개벽'의 운수라 하였다. 또한 천지가 이 '본래의 나'에 의하여 '다시개벽' 한다고 하였다. 이 '본래의 나'에 의하여 하늘과 땅이 다시 열리니 '후천개벽' 또는 '다시개벽'이라 한다.

후천개벽 문명에서는 누구나 자연을 움직이는 음양이 사람을 움직이는 귀신이며, 또한 귀신이라 부르는 마음기운이 또한 천지이기임을 알게 될 것이다. 현대식으로 표현하자면 자연법칙과 신의 섭리가 사람의 마음에 의하여 하나로 관통되었음을 알게 될 것이다. 즉, 마음이 자연과 통해지고 신과 통해져 천지인이 하나로 돌아가는 것이다. 이러한 일은 일찍이 없었기 때문에 후천개벽이라고 하며 수운 스스로 예전에도 없었고 앞으로도 없을 것이라 말하였다.

수운은 이러한 문명을 '천황씨'의 문명에 비유하였다. 천황씨가 현생 인류 문명의 첫 장을 열었듯이 동학·천도교가 새로운 인류新人間 문명의 첫 장을 열었으며 장차 모든 사람들이 이 새로운 개벽 문명을 보게 될 것이라는 것이다. 후천개벽 문명의 씨앗이 경신년 사월 오일에 뿌려졌으며 장차 거대한 나무로 성장하여 오만년 동안 지속된다는 것이다. 수운이 하늘의 문을 열었다면, 해월은 땅을 열었으며, 의암은 도덕 문명을 보여 주었다. 이렇게 본다면 세 스승은 새로운 문명의 표준이다. 그렇지만 전범은 드러났지만 아직까지 인간 사회는 그 전범에 따라서 설계되고 구성되어 있지 못하다. 따라서 장차 할 일은 '다시개벽' 한 새 사람들이 나와서 새로운 가정을 꾸리고, 새로운 사회를 만들고, 새로운 국가를 건설하고, 새로운 세계를 이루어 나갈 일이다. 이 일은 오직 '나' 스스로 먼저 '본래의 나'가 되어야 가능한 일이니 자기 자신을 다시개벽하고 나아가 천지를 다시개벽하여야 될 것이다.

'다시개벽'은 천지가 태어난 뒤에 생긴 사람이 자신 안에서 다시 천지를 여는 일이다. 시간 안에 갇힌 존재를 시간 이전의 존재로 되돌리는 작업이 후천개벽이다. 시간의 장벽을 넘어서기 위해서는 엄청난 힘이 필요하다. 하늘의 힘이 아니면 시간의 장벽을 뛰어넘을 수 없다. 수운은 그런 힘을 가진 주문을 하늘로부터 받았다고 하였다. 주문은 바로 우주만유를 만든 혼원한 하나의 기운과 합일하여 시간의 장벽을 넘어서는 공부법이라는 것이다. 수운은 자신의 공부법을 자신하여 3년만 지극 정성을 드리게 되면 다시개벽된 도덕군자가 될 수 있다고 하였다. 해월은 주문을 통하여 천지의 끊어진 기운을 다시 잇는다고 말하였다. 의암은 주문은 유기체가 곧 영의 드러난 모습이며, 사람이 곧 하늘임을 말한다고 하였다. 그러므로 주문은 처해진 운명을 바꾸고, 타고난 팔자를 고치고, 정해진 예정을 뒤엎어 사람이 곧 하늘이 되는 길이라는 것이다. 다이아몬드 가루로 다이아몬드를 가공하듯이 하늘의 기운을 통해서만 선천적으로 타고난 기운을 바꿀 수 있다. 천도란 천지개벽 이후에 생긴 마음이 천지미판전天地未判前의 경지로 되돌아가는 길인 것이다.

'본래의 나' 를 회복하는 일이 우선

마음에서 하늘과 땅이 다시 열리는 다시개벽이 많은 사람들에게 일어나게 되면 문명의 근본 구조가 바뀌게 된다. 그런 때가 언제 올 것이냐는 제자들의 질문에 대하여 해월은 당시로서는 무슨 말인지 짐작조차 할 수 없는 후천개벽의 징후들을 오늘날 사람들은 누구나 알 수 있는 말로 선명하게 그려내고 있다. '산이 검게 변하고, 도로에 비단이 깔리고, 만국병마가 왔다가 돌아가고, 세계만방과 교역하는' 때가 그 때라고 하였다. 또한 그 때는 기다리지 않아도 자연히 온다고 말하였다.

그러나 이러한 때까지 넘어야 할 산은 많고 건너야 할 강은 넓기만 하다. 그러므로 우리들이 할 수 있는 일은 그 많은 난관들을 극복할 수 있는 체력과 심력 그리고 영력을 기르는 일이다. 준비된 자들만이 난관을 극복하여 개벽을 이루어낼 수 있기 때문에 해월은 내수도內修道를 강조하였다.

제8관법에 의하면 내가 먼저 있고 하늘이 나중에 있는 것이다. 이는 '본래의 나'를 회복하는 일이 우선이며 개벽은 그 다음의 문제라는 점을 똑바로 보라는 뜻이다. 즉 '본래의 나'에 의하여 새로운 하늘과 새로운 땅이 탄생한다는 것이다. 따라서 '본래의 나'를 회복하지 못하면 개벽도 아무런 의미가 없게 된다. 지하감옥에서 탈출한 사람에게만 봄은 의미가 있다. 우선 감옥에서 탈출을 해야지 봄을 맞이할 수 있는 것이다. 나로부터 벗어나 '본래의 나'를 회복한 사람만이 대개벽의 시기에 살아남을 뿐만 아니라 뭇 사람들에게 새로운 삶의 길을 열어줄 수도 있다. 그렇지 못하면 영원히 지하감옥 신세일 뿐이다. '다시개벽'을 하지 못한 사람은 후천세상을 열 수가 없다. 수운은 "정심수도하여 두면 춘삼월 호시절에 또다시 만나볼까"라고 하여 정심수도를 하게 되면 당신을 만날 수 있다고 장담하고 있다. 수운은 한울님이 되어 우주만유와 영생하는 '본래의 나'이므로 정심수도하여 '본래의 나'를 회복하면 자연스럽게 만날 수밖에 없게 된다.

어떻게 하면 이 '본래의 나'를 회복할 수 있을 것인가? 의암의 가르침은 근본 핵을 가르쳐준다. 즉, 한 생각이 그치면 그 다음 생각이 일어나는 연속적 전도망상을 끊으려고 불가능의 힘을 낭비하지 말고 오직 그대 안에 무엇이 있어 이 많은 사념들을 일으키는지를 생각하라고 의암은 가르치고 있다. 눈앞에 펼쳐지는 광경에 빼앗긴 마음을 회복하기 위해서는 다른 곳을 둘러볼 것이 아니라 눈을 감고 내 안의 그 무엇이 이 모든 것들을 보고 있는지를 성찰하라는 것이다. 사람은 어떻게 사람이 되었으며 세상은 어떻게 세상이 되었는지 곰곰이 생각해 볼 일이다.

「불연기연」에서는 일상사를 한울님께 부쳐 보라고 권하고 있다. 갓난아기가 배우지도 않았는데 어찌 어머니를 알아보며 소가 일하는 것을 보면 주인의 말을 알아듣는 것 같은데 어찌하여 그리도 힘든 일을 하면서도 주인을 들이받고 도망치지 않는가? 까마귀가 어미를 먹이는데 공자로부터 효도를 배워서인가? 어찌하여 이 모든 일들이 일어나는가? 이해할 수 없고 알 수 없는 일들을 자신의 작은 생각으로 재단하여 억측하고 망상하지 말고 이 모든 일들을 다 한울님에 부쳐 보아 우주만유와 만리만사가 하나같이 한울님에 의하여 운행됨을 직각하라고 권한다.

아버지 없는 최초의 사람은 어찌하여 사람이 되었을까? 바로 한울님의 마음을 회복하여 예전에도 없었으며 앞으로도 없을 최초로 유일무이한 새사람이 되었다는 것이다. 예전에는 없던 마음을 가진 새사람이므로 아버지 없는 최초의 사람이 된 것이다. 또한 어찌하여 이미 천지가 개벽하여 세상이 만들어졌는데 다시개벽을 한다고 하는가? 그것은 한울님의 마음을 회복한 사람이 예전에도 없었으며 앞으로도 없을 문명사에서 최초로 유일무이한 새 공동체를 열 것이기 때문이다.

제8관법은 이 모든 일들의 주인이신 하늘보다 앞선 존재가 바로 '본래의 나'라는 진리를 두 눈으로 똑바로 보라고 한다. 이 '나'를 세상의 나와 굳이 구분하여 '본래의 나'라고 하는 것이다. 그렇지만 '본래의 나'가 '나'를 떠나서 어디에 존재할 수 있겠는가? 구름이 걷히면 그대로 청천백일靑天白日이며, 습관심을 떨치면 그대로 '본래의 나'이니 쓸데없는 말에 매여 따지느라 허송세월을 하지 말고 대도를 직각하라고 의암은 호령하고 있다. 이 후천 운수의 근본을 알지 못하면 만일지공이 있더라도 가을서리의 낙엽처럼 우수수 떨어지는 신세를 면치 못할 것이라고 하였다. 후천운수의 근본은 무엇인가? 바로 나는 '본래의 나'라는 것이다. 즉, 내 마음의 '다시개벽'으로 '본래의 나'를 회복하라는 것이다. 또 풀어 보자면 신인간이 되어 신문명을 여는 것이 바로 후천운수의 근본이라는 것이다.

천하만물이 다 '본래의 나'를 모시고 있으니 이 '본래의 나'를 어찌 속일 수 있겠는가? 그럼에도 불구하고 이 '본래의 나'를 속이고자 하는 것은 어리석음의 소치일 뿐이다. 따라서 거짓으로 행세하는 자는 한울님도 믿지 않고 자신도 믿지 않는 자이니 이러한 사람을 누가 믿을 수 있겠는가? 스스로를 불구덩이에 밀어 넣는 일이며 스스로 그 끝이 보이지 않는 심연의 나락으로 추락하는 것이니 얻을 것이라고는 검은 연기와 공허한 메아리뿐이다. 그러므로 허황된 세상사에 집착하지도 말 것이고, 허황된 세상사를 만들지도 말아야 할 것이다. 오로지 존재하는 것은 오직 진실 그대로의 '본래의 나' 뿐이다.

모든 존재자들이 다 '본래의 나'

'본래의 나'를 회복하는 것이 후천운수의 근본이다. 해월은 후천운수를 여는 우리들이 하지 말아야 할 조목 열 개를 제시하여 공부하는 사람들에게 가르쳤다. 후천운수의 근본을 알게 되면 하늘도 내 안의 하늘이며, 땅도 내 안의 땅이며, 사람도 내 안의 사람이므로 하늘도 속일 수 없고, 땅도 속일 수 없고, 사람도 속일 수 없다. 왜냐하면 모두 다 나이므로 자기 자신을 속일 수는 없기 때문이다. 따라서 후천운수를 알게 되면 하늘도 상하게 할 수 없으며, 땅도 상하게 할 수 없으며, 사람도 상하게 할 수 없다. 왜냐하면 그것은 바로 자기 자신을 상하게 하는 일이기 때문이다. 또한 자신에 대하여 거만하고, 자신을 어지럽히고, 자신을 살생하고, 자신을 더럽히고, 자신을 굶주리게 하고, 자신을 무너뜨리고, 자신을 싫어하고, 자신을 굴종시키는 일들은 하지 말라고 해도 저절로 하지 않을 것이다. 자신의 몸이 아닌 타자의 몸이라고 생각하니 그렇게 함부로 하기 때문이다. 모든 대상들을 자신의 몸과 마음이며 곧 한울님이라고 생각하면 어떻게 함부로 대할 수 있겠는가?

무엇보다도 먼저 해야 할 일은 모든 존재자들이 다 '본래의 나'임을 깨닫는 일이다. 그렇게 되면 남을 해치는 것이 곧 나를 해치는 것이며, 남을 돕는 것이 곧 나를 돕는 것임을 의심없이 분명해진다. 또한 남을 굴종시키는 것은 곧 나를 굴종시키는 것이며, 남을 공경하는 것은 곧 자신을 공경하는 것이다. 이렇게 해야 하는 이유는 수운이 깨달아 전하고자 하는 바가 다름 아닌 무왕불복無往不復의 이치이기 때문이다. 나로부터 나간 것은 반드시 나에게로 돌아오기 때문이다. 나로부터 나온 것이 나에게 돌아오니 두렵고 두려운 것이 마음이다. 수운은 참으로 두렵고 두려운 것은 호랑이나 천둥번개가 아니라 바로 마음이라고 하였다. 왜냐하면 사람들은 마음으로 모든 일을 짓기 때문이다.

후천운수의 근본을 아는 사람은 남을 높이고 살리는 것이 곧 자신을 높이고 살리는 길임을 알기에 내가 싫어하는 것을 남에게 베풀지 않으며, 이웃을 내가 내 몸을 돌보듯이 한다.

제11장 '본래의 나'가 있으니 하늘이 있게 되었다
第9觀法 我有觀 天有觀

'본래의 나'가 있으니 하늘이 있게 되었다. 하늘도 '본래의
나' 이후의 하늘이며 땅도 '본래의 나' 이후의 땅이다. 수운은
도란 다름이 아니라 바로 '내가 나 된 것이며 다른 것이 아니라
我爲我而非他'고 하였다. 의암은 먼저 '본래의 나'가 존재하니 하
늘이 존재함을 제9관법에서 말하고 제10관법에서는 '본래의
나'가 존재하니 땅이 존재함을 말하고 있다. 제9관법과 제10관
법은 '본래의 나'에 의하여 열린 새로운 천지를 관하고 있는 것
이다. '본래의 나'에 의하여 새로운 하늘과 새로운 땅이 열리는
것이 개벽인 것이다. 하늘이 열린다는 것은 성품이 열리는 것이
며, 본성을 아는 것이며, 대인을 만나는 것이다. 땅이 열린다는
것은 우주의 혼원한 하나의 기운과 통하고, 천심을 아는 것이며,
뭇 중생들에게 천덕을 베푸는 것이다.

옛날 성인들은 옥황상제를 만나고, 하느님을 만나고, 브라만
을 만나고, 알라를 만나고, 부처님을 만났다는 등의 표현을 하였
다. 이렇게 다양한 이름을 가진 그 존재가 바로 '본래의 나'이

다. 그러므로 이 '본래의 나'를 회복한 존재는 유자儒者보다도 요순공맹의 마음을 더 잘 알고, 기독교인보다도 아브라함과 모세 그리고 예수의 마음을 더 잘 알고, 힌두교인보다도 쉬바와 크리슈나를 더 잘 알고, 회교도보다도 무함마드를 더 잘 알고, 마하가섭이나 혜능보다도 부처님의 마음을 더 잘 안다. 왜냐하면 그 많은 분들이 모두 '본래의 나'로부터 나왔기 때문이다. 따라서 '본래의 나'를 찾은 사람은 그로부터 나온 모든 신들과 모든 성인들을 그 누구보다도 더 잘 알 수 있는 것은 당연하다.

'본래의 나'는 법중의 법이며, 천도 중의 천도이며, 진리 중의 진리이다. 이 '나'를 떠나서 따로 무엇을 찾는 사람은 동해가 마르고 백두산이 닳도록 대도의 본령에 진입하지 못할 것이다. 그러므로 의암은 쓸데없이 경전의 문구나 따지지 말고 대도를 직각하라고 하였다. 대도를 직각하라는 말은 바로 자기 자신의 본래성을 알라는 뜻이며 자기 자신의 근본을 알라는 뜻이다. 이 후천개벽의 근본을 모르고서 아무리 많은 것을 알고 아무리 절묘한 재주를 부리더라도 성인은 고사하고 도의 문턱에 들어섰다고도 할 수 없을 것이다. 온갖 의심과 추측들을 떨쳐 버리고 있는 그대로의 실상을 의암은 다음처럼 그려 내고 있다.

자기 마음을 자기가 믿으며, 자기 하늘을 자기 마음으로 하며, 스스로 아는 것을 스스로 움직이며, 자기 하늘을 스스로 법으로 삼나니, 그러므로 옛부터 많은 경전과 많은 법설이 자기 마음을 자기가 법으로 하는 것이요, 밖으로부터 오는 것이 아니니라. 경전을 배워서 만번 외우고 하늘을 보고 천번 절하라는 것은 다만 어리석은 사람들의 마음을 경계하느라고 만든 법이요, 이로써 성품을 보고 마음을 깨닫는 것은 얻지 못하느니라. 성품과 마음을 닦는 데는 반드시 묘한 방법이 있으니 깨닫고 깨달아서 어둡지 말 것이니라. 마음이 성품 속에 들면 공공적적하고, 성품이 마음 속에 들면 활활발발해지니라. 비고 고요하고 활발한 것은 자기 성품과 자기 마음에서 일어나고, 자기 성품과 자기 마음은 내 마음의 본 바탕이니, 도를 어느 곳에서 구할 것인가. 반드시 내 마음에서 구할지니라.

수도자의 잘못된 마음은 우주를 어지럽히니

매매사사가 나로 말미암은 바이니 삼가고 조심하지 않을 수 없다. 또한 사사물물이 모두 다 나로 말미암은 바이니 어느 것 하나도 경솔하게 대하지 못할 것이다. 유가에서 말하는 신독愼獨은 하려 하지 않아도 저절로 된다. 왜냐하면 하늘이 보고, 사람이 보고, 동식물이 보고, 땅이 보고 있는데 어떻게 삼가지 않을 수 있겠는가? 혼자 있을 때 삼가라는 말은 아직 '본래의 나'를 찾기 이전의 말일 뿐이다. 나는 혼자 있는 적이 없기 때문이다.

내 마음에서 무극대도를 구한 사람은 나의 한 생각, 나의 말한 마디, 나의 몸가짐 하나 등도 감히 경솔하게 할 수 없다. 왜냐하면 내가 나쁜 생각을 하는 것이 바로 하늘을 더럽히는 일이요, 내가 거짓말을 하고 사람들을 의심하는 것은 바로 하늘을 속이는 일이요, 내 몸을 다치게 하는 것은 바로 하늘을 피 흘리게 하는 일이기 때문이다. 그러므로 해월은 다음처럼 말한다.

나의 한 기운은 천지우주의 원기와 한줄기로 서로 통했으며, 나의 한 마음은 조화귀신의 소사와 한 집의 활용이니, 그러므로 하늘이 곧 나며 내가 곧 하늘이라. 그러므로 기운을 사납게 함은 하늘을 사납게 함이요, 마음을 어지럽게 함은 하늘을 어지럽게 함이니라.

내가 밥을 먹는 것도 단지 나의 육신만을 윤택하게 하는 데 그치는 것이 아니라 바로 하늘을 윤택하게 하는 일이며, 내 몸을 정결하게 하는 일도 청정법계를 이루는 일이며, 내가 한 생각 바르게 하는 일이 곧 천국을 가까이 실현하는 일이다. 자신의 마음을 바로 지키고 자신의 기운을 바르게 하지 않고 빈 하늘만 바라본들 무슨 소용이 있겠는가? 그러므로 수도하는 사람은 반드시 몸과 마음과 성품을 올바로 하는 것이 중요하니 수운은 '정심수도正心修道'를 강조하였다. 수도자의 잘못된 마음은 우주를 어지럽히기 때문이다.

우주는 물 샐 틈 없는 인과법에 따라서 돌아간다

사람 사람이 모두 다 나와 똑같은 한울사람이니 사람을 대함에 공경을 주로 삼지 않을 수 없게 된다. 사람이 하늘인 줄 아는 사람은 우주에서 가장 겸손하고 진솔한 사람이다. 모두가 하늘인 줄 알면서 어찌 거짓으로 대하고 어찌 거만하게 대할 수 있겠는가? 수운이 천도는 오직 성경신을 공부하는데 있다고 한 것은 오직 안과 밖이 똑같아 진실하고, 모든 사물과 사람이 모두 다 '본래의 나'에게서 말미암기 때문에 다 한울님으로 공경하고, 보이지는 않지만 만유의 주인이신 한울님을 믿는 삶을 살라는 것이다. 사람을 하늘로 섬기라는 말은 누가 밖에서 강요한다고 해서 되는 일이 아니라 오직 스스로 마음에 '본래의 나'가 태어날 때만이 수운처럼 데리고 있던 여종을 며느리와 딸로 삼을 수 있는 것이다. 비록 피부색과 사회적 신분 그리고 교육의 정도가 다르지만 모두 다 똑같은 '본래의 나'를 모시고 있으니 만인이 절대평등하다.

해월이 남을 대할 때 거짓으로 대하는 것은 자기 몸을 쇠망치로 부수는 일과 똑같다고 한 이유도 여기에 있다. 남을 속인다고 하지만 실상은 자신을 속이는 일이기 때문에 거짓은 자기 몸을 부수는 일이다.

시공간의 변수로 인하여 시간적 지체와 공간적 연계성을 분명하게 알지 못할 뿐 세상만사는 모두 다 인과법이라는 하나의 법칙에 의하여 움직일 뿐이다. 또한 하늘은 거울과도 같고 허공과도 같기 때문에 자신의 생각과 말 그리고 행동에서 나온 것은 예외없이 자신에게로 되돌아갈 수밖에 없다. 즉, 무왕불복無往不復의 이치에는 예외가 없으며 용서가 없다. 그러므로 '인과법은 하늘도 어쩔 수 없다'고 하는 것이다. '하늘에 진 죄를 어디에서 속죄하랴'는 말도 같은 뜻이다. 수도는 인과를 없애는 것이 아니라 인과를 넉넉하게 받아들일 수 있는 마음의 크기를 키울 뿐이다. 그러므로 우리는 역사에서 인과에 의하여 죽음까지도 달게 받아들이는 성인의 모습을 보게 된다. 의암은 이 인과법을 삼성과三性科에서 분명하게 밝히고 있다.

현재의 결과를 낳게 된 이치를 밝히는 공부가 만법의 인과인 원각성圓覺性이라면 그 형상적 원인을 밝히는 공부는 만상의 인과인 비각성比覺性이라 하였다. 즉 어떤 결과의 보이지 않는 이치와 보이는 형상이 어떻게 이루어졌는지를 각각 밝게 아는 것이 원각성이요 비각성인 것이다. 그리고 그 결과가 화가 될지 복이 될지를 결정하는 것은 마음이며 혈각성血覺性이라 한다. 마음에 따라서 화복이 결정되므로 의암은 어떤 일이라도 오직 바르고·밝고·착하고·의롭게正明善義 하라고 하였다. 그렇게 아니하고 마음을 정반대로 쓰면 참으로 안타까운 결과를 누구도 막을 수 없기 때문이다.

이 세 가지 인과의 법망法網을 피해 나갈 방법은 없다. 그렇기 때문에 엄밀하게 말하면 우주는 물 샐 틈 없는 인과법에 따라서 돌아간다. 그렇지만 마음을 공부하는 사람은 인과법으로부터 해방되어 바꿀 수 있는 길을 안다. 먼저 자신이 지은 원인에 따르는 결과를 참회로 받아내는 길이다. 참회하였지만 한울님으로부터 용서받지 못한 인과는 그대로 받을 수밖에 없다. 성품을 보고 마음을 깨달은 사람은 인과를 알 뿐만 아니라 마음이 물들지 않고 받아낼 수 있다. 그렇지만 견성각심이 되지 못한 사람은 인과를 모를 뿐만 아니라 마음이 물들고 흔들리면서 받는다. 견성하였으므로 인과의 당연함을 알기에 흔들림이 없고, 각심하였으므로 마음이 생사고락으로부터 자유로우니 또한 물듦이 없이 인과를 받는 것이다. 그러므로 견성각심이 되었다고 해서 인과를 받지 않는 것이 아니라 인과를 다 알아 이에 영향을 받지 않을 따름이다. 쉽게 말하자면 마음이 인과로부터 자유로워졌기 때문에 인과에 영향을 받지 않을 뿐이다.

나를 고치면 하늘도 고칠 수 있다

하늘은 무정하여 친함이 없기에 사람들이 하는 그대로 되돌려 줄 뿐이지만 사람은 정이 있어 상대방이 해준 그대로를 되돌리기도 하고 용서하기도 하고 오히려 사랑을 듬뿍 주기도 한다. 하늘은 거울처럼 오직 그대로 되돌려줄 뿐이지만 사람들은 용서할 수도 있고 용서하지 않을 수도 있다. 그렇지만 상대방을 용서하지 않으면 마음의 무거운 짐이지만 용서하면 마음의 짐이 안개처럼 사라지게 되어 편안해진다. 증오에 대하여 사랑을 베풀고, 인색함에 대하여 너그러움을 베풀고, 질시와 음해에 대하여 어진 마음으로 대하면 자연스럽게 변화한다는 것이 해월의 가르침이다. 또한 공자, 석가, 예수의 가르침이기도 하다. 말은 비록 쉽지만 그렇게 실천한다는 일이 얼마나 어려운 일인가? 그러므로 도는 실생활에서 검증되는 것이다. 이와 같은 성현의 가르침을 듣지 아니하고 하늘에 등을 돌리는 자들에 대해서는 여러분이 알 바도 아니요 내가 말할 바도 아니라는 것이 수운의 지혜이다. 그런 경우에는 한울님의 인과법에 맡기라는 것이다.

해월은 거짓으로 사람을 사귀는 사람은 '도를 어지럽히는 자이며, 도를 훼손시키는 자이며, 천리를 배반하는 자(亂道者 悖道者 逆理者)'라고 하였다. 어찌 그렇지 않겠는가? 겉으로 꾸며내고 거짓으로 사람을 사귀는 것은 주춧돌 아래를 파내는 것과 같으니 아무리 넓고 큰 궁궐 같은 집이라도 무너지는 것을 막을 수 없다. 이러한 일이 일어난다는 것은 참으로 안타까운 일이다. 차마 눈뜨고는 볼 수 없는 가련하고 참혹한 일이다. 그러므로 의암은 어떤 경우에도 바르고, 밝고, 착하고, 정의롭게 생각하고, 말하고, 행동하라고 가르친다. 누구도 되돌아오는 결과를 막을 수 없다. 이미 저지른 일의 결과가 되돌아올 때 사람을 헐뜯고 하늘을 원망한들 무슨 소용이 있겠는가! 죽을 때 하늘을 불러보지만 이미 늦었다는 것이 수운의 엄중한 가르침이다.

원망하고 불평하는 일을 그치고 내가 있으니 하늘이 있다는 제9관법을 철두철미하게 바라보자. 그리하여 나를 고치면 하늘도 고칠 수 있음을 깨달아야 한다. 하늘을 고친다는 것은 운명과 팔자와 예정을 고칠 수 있다는 말이다. '다시개벽'의 운수라는 말은 바로 나를 고쳐 천지를 바꿀 수 있다는 뜻이다. 이것이 후천운수의 근본이니 나의 운명만 바꾸는 것이 아니라 우리 가정, 우리 공동체, 우리 나라, 우리 문명을 모두 다 고칠 수 있다는 뜻이다. 사람이 모든 것을 새롭게 뜯어 고쳐서 새로운 가정을 열고, 새로운 마을을 열고, 새로운 정치를 열고, 새로운 문명을 열게 되면 앞으로 5만년간 사람들이 이 가르침에 따라서 살아가게 된다는 것이다. 그러므로 이 큰 도를 작은 일에 쓰는 것은 어리석은 일이다.

천도를 작은 일에 쓰지 말라는 것은 자기의 작은 이익을 위하여 하늘의 지혜를 남용하지 말라는 뜻이다. 자신의 작은 이익을 위하여 하늘을 이용하면 나날이 마음이 좁아지고, 어두워지고, 막히기 때문이다. 신통력을 얻은 사람이 사사로운 일에 그 능력을 쓰면 3년이 되지 못하여 하늘의 신통력이 모두 막히게 되어 오히려 얻지 못한 사람보다 못해진다고 한다. 하늘이 능력을 준 것은 하늘을 위하여 쓰라는 것이요 결코 사사롭게 쓰라는 것이 아니기 때문이다. 그러므로 의암은 '공도공행公道公行'과 '공도공용公道公用'을 말씀하였다.

일체의 종교들이 '본래의 나'를 통하여 하나로 돌아가며, 일체의 문명들이 또한 '본래의 나'를 통하여 하나로 돌아가게 된다. 수운은 '산하의 큰 운수가 모두 이 도로 돌아간다(山河大運 盡歸此道)'고 하였다. 산에서는 정신문명이 나왔고 강에서는 물질문명이 나왔으니 위의 말은 종교와 문명이 모두 다 천도로 돌아가게 됨을 뜻한다. '본래의 나'가 밝혀지면 모든 종교들이 이곳으로부터 나왔으므로 자연스럽게 이 도로 돌아갈 수 밖에 없게 된다. 또한 '본래의 나'가 밝혀지면 모든 문명들이 이곳에 기초하여 세워졌으므로 문명의 충돌이 아니라 문명의 공존번영이 가능해진다. 생각해보면 이 일이 얼마나 엄청난 일이며 얼마나 위대한 일인가? 그러므로 수운은 '근원이 깊고 이치가 멀다'고 하였다. 인류 문명이 지금까지 발전해 온 그 근본 원천으로 되돌아가는 것이므로 멀고도 먼 길이며 깊고도 깊은 길이다. 비록 그러하지만 모든 존재들이 이 '본래의 나'를 모시고 있으니 내 마음을 온전히 하여 '본래의 나'를 회복한다면 깊고도 먼 엄청난 일이 한순간에 이루어지니 이것이 천도의 비결이며 수운 심법의 비밀이다. 수운은 "입도한 세상 사람 그날부터 군자되어 무위이화 될 것이니 지상신선 네 아니냐"라고 하였다.

그러므로 사람이 하여야 할 일은 오직 내 마음이 한 순간이라도 이 '본래의 나'로부터 떨어지지 않도록 마음기둥을 확고하게 세우는 일이다. 내가 '본래의 나'로부터 떨어지지 않고 한 생각으로 머물게 된다면 모든 일들이 뜻과 같이 된다고(一念在玆 萬事如意) 수운은 분명하게 말하고 있다. 만사가 뜻대로 이루어지지 못함은 '본래의 나'에 대한 생각이 하나로 통일되지 못하고 갈라지고 흔들리고 물들고 옮기기 때문이다.

그곳에 평화가 있으면 그곳에 천국이 있다

'본래의 나'로 돌아가 하나로 통일되는 것을 수운은 '동귀일체同歸一體', '동귀일심同歸一心', '동귀일리同歸一理'라 표현하였다. 이는 자연을 연구하는 과학자도, 마음을 연구하는 철학자도, 신을 연구하는 학자도 마침내 오직 하나의 진리를 돌아가게 될 것이라는 뜻이다. 우주만유가 본래 한 몸으로 천지자연을 내 몸과 똑같이 사랑하게 되며, 60억 인류의 모든 사람들이 오직 하나의 마음으로 돌아와 일체의 갈등과 전쟁을 종식시키게 될 것이며, 무수한 신들의 이름들과 교리들이 오직 유일무이한 신의 다양한 표현들에 불과함을 깨닫게 될 것이라는 것이다. 따라서 모든 종교들은 오직 그 본래의 사명인 '본래의 나'를 회복시키는 데 집중할 것이며 각 종단의 건물을 짓고, 각자의 문패를 박고, 각자의 사업을 하는데 열중해서는 안 될 것이다. 수운은 이런 각자위심으로는 인류에게 희망이 없으며 오직 동귀일체만이 새로운 희망의 길이라고 하였다. 이러한 세계가 열리는 것이 다시개벽이며 이를 보라는 것이 제9관법과 제10관법의 공부이다.

보아야 할 것은 이 '본래의 나'의 마음이다. 제9관법이 말하고자 하는 것은 이 본래의 마음으로 돌아가서 새로운 하늘을 열라는 것이다. 의암의 다음 말을 보면 본래의 마음은 충분히 이런 일을 하고도 남음이 있음을 알 수 있다.

내 마음은 곧 천지만물 고금세계를 스스로 주재하는 한 조화옹이니라. 이러므로 마음 밖에 하늘이 없고, 마음 밖에 이치가 없고, 마음 밖에 물건이 없고, 마음 밖에 조화가 없느니라.

제9관법은 '본래의 나'가 곧 하늘이니 '나' 이외의 다른 신을 만들지도 말며, '나' 이외의 다른 교리도 만들지도 말며, '나' 이외의 다른 곳에서 진리를 찾지도 말며, '나' 이외의 다른 곳을 성지로 삼지 말라는 것이다. 여기에서 '나'라고 하는 존재는 물론 '본래의 나'다. 수많은 신상들은 박물관의 예술품으로 보존하고, 수많은 경전들은 인류 정신의 꽃들이 얼마나 아름답게 피었었는지를 공부하는 도서관의 장서로 보존하고, 수많은 성지들은 자연과 교감했던 위대한 영혼들의 보금자리로 기리는 추념의 땅으로 개발할 일이다. 신상과 경전 그리고 성지를 둘러싸고 벌여왔던 어리석은 경쟁과 전쟁을 종식하고 인류 모두는 '본래의 나'로 돌아가야 할 것이다. 그곳에 평화가 있으며 그곳에 천국이 있다.

　이 '나'를 떠나서 다른 곳에서 무엇을 찾거나, 구하거나, 세우거나, 주장하는 것은 모두 다 아직 제9관법을 터득하지 못한 것이니 이 진리가 환하게 열릴 때까지 더욱 정진할 일이다. 제9관법으로 바로 보면 모두가 아름답고, 숭고하고, 거룩한 꽃들이다. 법의 꽃이 만방에 만발한 모습들을 보게 된다. 오직 '본래의 나'를 찾은 사람들만이 그러하다. 석가모니는 『법화경法華經』에서 자신을 스스로 이렇게 묘사하였다.

나는 진리에서 그대로 온 사람如來이며, 세상 사람들로부터 마땅히 존경을 받을 가치가 있는 사람應供이며, 지혜가 바르므로 모든 사물에 널리 미치며正遍知, 더구나 지혜와 실행을 두루 갖춘 사람明行足이며, 모든 경우를 뚜렷하게 분별하는 사람世間解이며, 더 없는 완전한 인격을 완성한 사람無上士이며, 모든 중생을 뜻대로 가르쳐서 인도하는 사람調御丈夫이며, 하늘과 사람들의 스승天人師이며, 최고의 진리를 깨달은 사람(부처)이며, 이 세상에서 가장 거룩한 존재世尊이니, 괴로움의 세계에서 방황하고 있는 사람들을 괴로움으로부터 구출하고 번뇌에서 벗어나지 못하는 사람들을 그 번뇌로부터 해방케 하고, 아직 마음이 평안한 경지에 이르는 길을 알지 못하는 사람에게는 그 길을 가르쳐 주고 또 참다운 깨달음을 열지 못한 사람에게는 그것을 베풀어주는 사람이니라. 또 나는, 현세는 물론 오는 세상까지도 환히 아는 사람이니, 즉 일체를 남김 없이 모두 아는 사람이며 일체를 꿰뚫어보는 사람이며, 진실한 길(도)을 알고 있어 진실한 길을 열고, 진실한 길을 말하는 사람이니라.

'본래의 나'에 대한 석가의 설명은 한두 번 정도 들어 본 말일 것이다. 부처만 이렇게 말한 것은 아니다. 예수도 또한 '나는 길이요, 진리요, 생명이니 나를 말미암지 않고는 아버지의 나라에 가지 못한다'고 하였다. '본래의 나'를 회복한 많은 성현들이 모두 아버지 없는 최초의 사람임을 여러 가지 신화적 비유를 통하여 설명하였다. 그럼에도 불구하고 세상 사람들은 '본래의 나'를 회복할 생각은 하지 않고 신상, 경전, 성지에 집착한다. 그렇지만 자신의 신상을 버리고, 자신의 경전을 버리고, 자신의 성지를 버리라고 하면 마음들이 불편할 것이다. 그러나 신상과 경전 그리고 성지는 모두 '본래의 나'의 흔적이니 흔적에 집착할 것이 아니라 그림자의 본원, 즉 근원으로 돌아가야 할 것이다. 성현들의 뜻은 그림자를 쫓으라는 것이 아니라 근원을 회복하라는 것일 것이다. 그 근원이 바로 '나'의 마음이니 마음 밖에서 따로 무엇을 찾지 말라는 것이다. 그러므로 의암은 다음처럼 말한다.

성품과 이치를 보고자 할지라도 내 마음에 구할 것이요, 조화를 쓰고자 할지라도 내 마음에 있는 것이요, 천지만물 세계를 운반코자 할지라도 내 마음 한쪽에 있는 것이니라.

이 마음이 모든 것을 하는 것이니 마음 밖에서 따로 무엇을 찾아서 세상을 혼란스럽게 하고, 세상을 분열시키고, 세상을 갈등시켜서 전쟁을 일으키지 말라는 것이다. 본래의 한마음으로 돌아갈 때 그곳에 진정한 진리가 있고, 편안한 깨달음이 있고, 영원한 평화가 있다는 것이다.

모든 인류가 돌아갈 곳은 오직 유일무이한 한 곳이니 바로 '본래의 나'이며 이 '본래의 나'가 인류문명사에서 그 많은 시련과 고통을 이겨내면서 인류를 위하여 만물을 위하여 아름다운 헌신의 역사를 보여준 것이다. 더 이상 그 많은 신상, 그 많은 경전, 그 많은 성지들의 이름으로 유일무이한 진리를 희생시키지 말아야 한다. 이제는 우리 모두의 본래 고향으로 돌아가서 영원한 평화를 누려야 할 것이다. 그때 비로소 평안과 평화가 찾아온다.

제12장 '본래의 나'가 있어서 우주만유도 있게 되었다

第10觀法 我有觀 物有觀

제9관법이 '나' 밖에서 따로 하늘을 찾지 말라는 관법이라면 제10관법은 '나' 밖에서 따로 자연을 찾지 말라는 관법이다. 내가 있음으로써 자연 사물이 생겨났기 때문이다. 그러므로 공연히 노자의 '도법자연道法自然'을 자연에서 배운다고 주장하면서 자연숭배주의자가 되어서는 아니될 것이다. 요즈음 인간주의를 극복하고 자연주의의 입장을 주장하는 이른바 근본 생태론자들을 자주 보게 된다. 이들은 인간을 마치 자연의 일부에 불과한 존재로 볼 뿐만 아니라 자연이 인간을 앞선다고 주장하곤 한다.

자연은 누가 명령하여 그렇게 움직이는 것이 아니라 스스로 그렇게 움직이는 자연 이법에 의거하여 움직인다. 외부의 어떤 절대자의 명령이 아니라 내부의 자기법칙에 따라서 그렇게 움직이는 것이다. 하늘은 자연 밖에 있는 것이 아니라 자연 안의 가장 깊숙한 곳에 타고서 자연으로 하여금 스스로 움직이게 만드는 이치이자 기운이다. 노자가 자연을 배우라는 것은 거짓과 인위가 없는 본래부터 스스로 그러한 하늘의 이치기운을 배우

라는 뜻일 것이다. 우주만물을 낳고 그 안에 존재하는 이치기운
은 우주가 탄생하기 이전부터 우주가 없어진 이후까지 본래부
터 스스로 그렇게 존재하는 '본래의 나'이다. 이 '본래의 나'야
말로 가장 자연스러운 자연성 그 자체이다. '본래의 나'는 자연
사물보다도 더 자연스럽다. 따라서 동학 관점에서는 노자의 도
법자연을 객관적 자연 사물에서 배우는 것이 아니라 우주만유
가 태어나기 이전부터 우주만유가 사라진 이후까지 본래부터
스스로 그렇게 존재하고 있는 '본래의 나'에서 배우라는 뜻으로
이해한다. 노자를 이렇게 읽는 것은 동학의 무위이화에 힘입은
바다. 혹 노자가 오늘날의 자연주의자일지도 모르지만 동학·천
도교의 '무위이화'는 이러한 종류의 자연주의적 태도와는 명백
히 다르다. 의암은 제10관법에서 이 '본래의 나'로 말미암아 우
주만물이 있게 되었음을 보라고 하고 있기 때문이다. 즉, 무위이
화를 직각하라는 것이다.

　우주만유의 생멸은 자기 안에 간직한 하늘의 이치를 그대로
따른 것이니 바로 하늘이 스스로 자신을 펼치는 모습일 뿐이다.
하늘이 모셔져 있지 않다면 하늘을 나는 새도 떨어질 것이고, 연
못의 고기도 뛰어오르지 못할 것이며, 땅속의 지렁이나 두더지
도 더 이상 땅을 파헤치면서 다니지 못할 것이다. 일체 기운 활
동이 가능한 것은 하늘이 있기 때문이며, '본래의 나'가 있기 때

문이다.

우주만유의 밖에서 누가 이렇게 하라고 명령해서 그렇게 하는 것이 아니라 자기 안에 모셔진 하늘의 명령을 그대로 구현할 따름이다. 우주만유 안에 본래 갖추어진 하늘이 곧 '본래의 나'로 말미암은 것이니 우주만유는 '본래의 나'가 천지사방으로 펼쳐진 모습일 뿐이다. '나'의 형상이 그대로 우주자연이니 우주자연을 떠나서 따로 '본래의 나'를 어디에서 찾을 것인가?

모두 다 하나의 영으로 돌아갈 뿐이다

의암은 이 문제를「성령출세설」에서 육신과 영의 문제로 상세하게 설명하였다. 세상을 마련한 것은 영靈이며 세상은 이 영을 얻어서 세상이 된 것이라 하였다. 세상의 사물들을 낳은 것은 영이다. 영은 세상을 만들어내는 이치와 재료이기 때문에 세상은 영으로 말미암아 존재하게 된 것이다. 그렇다면 영은 세상을 떠나서 따로 존재하는가? 그렇지 않다. 영은 스스로의 이치와 스스로의 몸으로 세상을 만들었기 때문에 이 세상 안에 존재하고 있다. 우주만유 안에 영이 있으므로 우주만유는 영과 더불어 스스로 운행한다. 그러므로 이 영을 얻은 사람은 우주만유와 함께 무궁토록 살아가게 되는 것이다. 반면 영을 얻지 못한 사람은 육신과 작은 마음과 운명을 같이할 뿐이다. 그러므로 영을 얻은 사람에게는 죽음이 없으므로 영생하고자 하는 사람은 오직 영을 얻는 수밖에 없다.

육신은 기운이 성품을 묶어서 생긴 덩어리이기 때문에 태어나면 반드시 죽어야 하고, 번성한 뒤에는 반드시 쇠락을 면할 수 없다. 영을 얻지 못하고 육신에 매인 마음도 육신과 더불어 춤추기 때문에 육신의 탄생과 더불어 탄생했다가 육신과 더불어 병들고 늙어 죽는다. 그러나 실제로 마음은 병들거나 늙거나 죽지 않는다. 몸이 병들고 늙고 죽는다. 이 몸에 매인 마음이 그렇게 된다고 생각하고 믿을 뿐이다. 이렇게 생각하고 믿어 버리면 내 마음은 몸과 함께 생로병사에서 벗어날 길이 없다. 그리고 죽은 뒤에도 육신에 매여 있던 마음이 지옥이나 천당과 같은 곳으로 간다고 생각한다. 이렇게 생각하고 믿어 버리면 마음은 마음이 그려 놓은 지옥이나 천당을 배회하게 된다. 그렇지만 죽은 뒤에 간다고 하는 지옥이나 천당은 육신에 매인 마음이 만들어낸 허구의 가상물일 뿐이다. 육신을 벗어나 영을 얻은 마음은 우주만유와 함께 영생하며 죽지 않는다. 그러므로 지옥이고 천당이고 갈 곳이 없다. 영을 얻은 마음에게는 영생만이 있을 뿐이다. 그리고 태어나고 죽는 것은 육신과 세상에 매인 마음일 뿐이다.

세상에 집착된 마음은 죽은 뒤에 간다고 말하는 온갖 가지 세계에 갈 수도 있다. 그렇지만 그 세계는 마음이 만들어낸 가상의 세계이지 실상의 세계는 아니다. 악행으로 점철한 인생은 지옥을 경험할지도 모르고 선행으로 일관한 사람은 천국을 볼지도 모른다. 죽음을 체험하고 다시 살아난 사람들이 흔히 사후에 그런 세계에 갔다가 왔다고 말들을 하지만 그들이 본 사후세계는 마음의 강한 집착이 만들어 낸 가상의 세계일 뿐이다. 실상 죽은 뒤에는 모두 다 하나의 영으로 돌아갈 뿐이다. 죽어 보지 아니하고 어찌 이를 알 수 있느냐고 반문할 수 있다. 당연한 질문이다. 그렇지만 마음이 육신을 완전히 떠나 일체의 움직임에서 떠난 경지를 체험한 사람은 이미 죽음을 체험한 사람이다. 육신이 죽은 것이 아니라 육신에 매인 마음이 죽음을 이미 체험한 것이다. 마음이 고요에 들면 육신의 호흡과 맥박과 심장박동도 멈추게 된다. 이때 몸은 일종의 동면상태에 들은 것이지 완전히 죽은 것은 아니다. 마음이 돌아와 활동하기 시작하면 몸의 기능도 정상으로 돌아온다. 견성은 일종의 죽음 체험이다. 견성한 사람은 죽음을 체험해 보았기 때문에 죽은 뒤에는 오직 고요하고 빈 하나의 영으로 돌아가며 하나의 성품에 합일됨을 안다. 이 비고 고요한 경지를 천도교에서는 '일색공一色空'이라 표현한다. 비고 고요함은 활발한 우주와 영원히 함께 한다.

유가에서는 사람이 죽으면 혼魂은 하늘로 올라가고 백魄은 땅으로 내려간다고 한다. 하나로 결합되어 있던 하늘의 양기와 땅의 음기가 해체된다는 것이다. 그렇지만 여기에서 한 걸음 더 나아가서 생각해 보아야 한다. 사람이 죽으면 단지 양기와 음기로 해체되는데 그치는 것이 아니라 양기와 음기가 나온 본래의 고향인 태극 또는 혼원한 하나의 지극한 기운으로 돌아간다는 점이다. 그 지극한 한 기운의 주인이 한울님이므로 사람은 죽어서 한울님의 세계로 돌아가는 것이다. 이를 깨달은 사람은 살아서뿐만 아니라 죽어서도 한울님이 되어 영원한 생명을 사는 반면에 깨닫지 못한 사람은 살아서뿐만 아니라 죽어서도 자신이 곧 한울님으로 영원히 산다는 것을 모른다. 또한 죽어서 가는 곳도 오직 하나의 하늘, 하나의 성령일 뿐이다. 그러므로 성령을 얻은 사람에게는 삶과 죽음이 하나다.

사람은 누구나 '본래의 나' 인 영을 얻고서야 해탈하고 자유한다. 실상 이 영은 태어난 적도 없고 죽은 적도 없다. 영원히 본래부터 스스로 그렇게 존재할 뿐이다. 나의 영과 너의 영이 있다는 생각만 있을 뿐이다. 이런 생각에서 벗어나게 되면 하나의 영만 영원토록 존재하고 있을 뿐이라는 진리가 스스로 밝아진다. 영원불멸의 이 존재가 '본래의 나' 라고 하므로 동학 · 천도교에는 기존의 종교들과 같은 사후관이라는 것이 없다. 왜냐하면 '본래의 나' 에게는 죽음이 없으므로 죽은 뒤가 있을 리 만무하기 때문이다. '본래의 나' 는 시간을 초월해 있는 것 같지만 실상 시간 안에도 존재한다. 시간의 안팎으로부터 자유로운 존재가 '본래의 나' 이다.

자연사물이 곧 하늘이며 일상생활이 곧 도

'본래의 나' 를 얻은 사람에게는 삼라만상의 자연 사물이 모두 다 자기의 몸이 되어 버린다. 자연은 하늘의 모습이며 '본래의 나' 의 형상이다. 그러므로 '본래의 나' 를 얻은 사람은 자연의 어느 것 하나도 자기의 몸이 아닌 바 없으며 자연의 손상을 그대로 자신의 아픔으로 느낀다. 자연을 보호하는 일은 자기를 보호하는 일이다. 바위를 폭파시키는 것도 자기의 아픔으로 느끼고, 땅을 함부로 파헤치는 것도 자기의 아픔으로 느낀다. 꽃 한 송이 꺾는 것도 자기의 아픔으로 느끼며, 생나무의 가지를 꺾는 것도 자기의 아픔으로 느낀다. 무생물과 식물도 그러한데 하물며 동물들은 말할 필요도 없을 것이다. 자연사물과 동식물이 이러할 때 사람은 그 어떤 이유로도 아프게 해서는 안될 것이다. 몸도 아프게 해서는 안될 것이며 마음도 아프게 해서는 안될 것이다.

해월은 사람을 하늘과 똑같이 섬기라고 하였다. '본래의 나' 를 회복한 사람은 말을 듣지 않아도 그리 행하며 공부하는 사람은 나날이 정성드리고 공경을 하다가 보면 자신도 모르는 사이에 그리 될 것이다. 어떤 어린아이가 나막신을 신고 마당을 빠르게 가로지르자 해월이 가슴을 쓸어내렸다는 일화는 위에서 말한 '본래의 나'가 어떤 존재인지를 보여준다.

내가 있어 사물이 있다는 제10관법을 보다 적극적으로 해석하게 되면 나는 자연 사물을 살려야 하며 인간사를 새롭게 개벽해야 한다는 적극적 의미로까지 발전된다. 우주만유를 '본래의 나'에 의거하여 전면적으로 재구성하는 것을 '벽闢'이라 한다. 유형의 문명 구조를 재형성하라는 것이 곧 제10관법의 실천강령인 것이다. 자연 사물의 질서를 '본래의 나'에 합당하게 재구성하라는 것이다.

오늘날 현대문명의 위기에 대해서 많은 말들이 있지만 자연을 살리고, 동식물을 살리고, 이웃을 살리는 길은 오로지 '본래의 나'를 찾아서 동체대비同體大悲의 삶을 살아가는데 있음을 알라는 것이다. 지금까지의 나를 개벽하여 '본래의 나'로 거듭나야 할 것이며, 지금까지의 죽임의 문명을 개벽하여 후천개벽의 살림의 문명을 세워야 할 것이며, 지금까지의 낡은 종교들을 개벽하여 오직 하나의 이치로 되돌려 종교 통일을 이루어야 할 것이다. 이 길을 걷는 것이야말로 인의예지仁義禮智의 길이며, 대자대비大慈大悲의 길이며, 하느님을 사랑하고 이웃을 사랑하는 길이며, 본래면목을 회복하여 뭇 중생을 살리는 길이다. 이 길에 순종치 아니하고 거역하게 된다면 인간은 생명을 잃을 것이며,

사회는 파괴될 것이며, 국가는 망할 것이며, 문명은 허물어질 것이다. 천도는 생명을 살리고 문명을 살리는 일이니 무생명체라고 말하는 자연 사물까지도 살리는 길이다.

개벽한다는 것은 자연 사물에서 하늘을 보는 일이며, 일에서 도를 보는 일이다. 자연 사물에는 오직 하늘이 가득할 뿐이며 모든 인간사는 오직 천도의 진행일 뿐이다. 이를 알아서 그대로 시행하면 후천개벽의 문명이며 이를 깨닫지 못하여 따로인 줄 알면 선천 문명을 벗어나지 못한 것이다.

성품을 거느리니 하늘이 있고 집을 다스리니 도가 있는지라, 어찌 하늘과 도가 멀다 하리오. 그러므로 하늘은 만물을 낳고 도는 일을 낳나니, 어찌 물(物)과 일이 또한 멀다 하리오. 물은 일을 낳고 일은 먹는 것을 낳는지라, 어찌 일과 다만 밥을 또한 멀다하여 어길 바리오. 이러므로 하늘이 없으면 생함이 없고, 생함이 없으면 먹는 바 없고, 먹는 바 없으면 일이 없고, 일이 없으면 도가 없을지니라.

제10관법은 자연 사물에 매인 마음을 해탈시켜 무한 하늘을 보게 하는 법이며, 또한 일상의 세상사에 빼앗긴 마음을 자유시켜 무한한 무극대도를 보게 하는 법이다. 사물과 생활에서 해탈

한다는 것은 사물과 생활을 떠난다는 뜻이 아니라 사물과 생활 그리고 일과 밥이 곧 하늘임을 깨닫는 것이다. 즉, 자연사물이 곧 하늘이며 일상생활이 곧 도임을 깨닫게 되면 우주만유를 떠나서 따로 하늘을 찾지 아니하며 일상생활을 떠나서 무극대도를 구하지 않게 된다. 또한 밥을 마련하고 밥을 잘 먹는 것이 하늘을 잘 모시는 일이며, 자기에게 주어진 일을 정성과 공경으로 잘 하는 것이 곧 하늘을 잘 모시는 것이다. 이렇게 되어 모든 일들이 열리면(闢) 도덕문명이 저절로 오게 된다. 즉, 도덕성립이 되는 것이다.

사람이 개벽되면 도덕문명을 세우게 되고 그러할 때 자유와 행복 그리고 평화의 지상천국이 열리게 된다.

제6부

도성덕립: 자유, 행복, 평화

천도를 완성하고 천덕을 세움으로써 천도교의 사명은 끝난다. 제9관법과 제10 관법은 새로이 도를 이루고 덕을 세우는 것을 다루었다. '본래의 나'로 말미암 아 정신문명과 물질문명이 하나로 통일되는 것을 보는 것이다. '본래의 나'가 새 하늘도 열고 새 땅도 열어 개벽 문명을 이루는 것을 위에서 보았다. 이렇게 도덕문명이 개벽되면 지상천국이 멀지 않다.

지상천국은 자유, 행복, 평화의 세계로 그려진다. 제11관법은 천도를 완성한 자유의 경지에 대한 관법이고, 제12관법은 행복하고 풍요로운 새 세계에 대한 관법이고, 제13관법은 평화로운 지상천국을 보는 관법이다. 자유심에 이르러 마음공부는 완성되고 행복하고 풍요롭고 평화로운 사회를 형성함으로써 새로 운 문명공동체 건설은 완성된다. 이 이상은 먼 것이 아니라 개벽하면 실현할 수 있는 세계이다. 마지막 세 관법은 '본래의 나'를 회복한 이상적 인간의 모 습과 이상적 사회의 모습을 그리고 있다.

제13장 자유심은 공도공용하고
第11觀法 自由觀 自用觀

'본래의 나'를 얻은 사람은 자유롭다. 마음이 진정으로 자유로우며 우주만유를 자기 뜻대로 쓴다. 그러므로 자유하고 자용한다. 영을 얻은 사람은 우주만유가 곧 자신의 형상이므로 자기 몸을 쓰듯이 우주만유를 뜻대로 쓴다. 세상의 나는 자기 몸도 자기 뜻대로 사용하지 못하지만 '본래의 나'인 영靈을 얻은 사람은 우주만유를 자기 뜻대로 쓰는 것이다. 천지와 같은 덕을 베풀며, 일월과 같은 빛을 비추며, 귀신과 같이 모르는 것이 없으며, 일체의 길흉화복을 뜻대로 한다. 이는 역학易學적 표현이고, 의암은 '공도공용'이라 표현하였다. 우주에 꽉 차 있는 보편의 도를 우주의 모든 창생들을 위하여 쓴다는 것이다. 그러나 세상 사람은 사리사욕을 위하여 그 어떤 것도 아무런 거리낌도 없이 함부로 쓴다. 지상신선은 홀로만 신선이 되는 것이 아니라 반드시 뭇 생명과 함께 즐거우니 지상천국을 위하여 헌신할 수 밖에 없게 된다. 우주만유를 창생을 위하여 쓰는 자유의 경지에 대하여 의암은 다음처럼 말한다.

마음이 옥이 되고자 하면 옥도 또한 장애요, 마음이 물같이 되고자 하면 물도 또한 장애요, 마음이 비고 고요하게 되고자 하면 비고 고요한 것도 또한 장애요, 마음이 밝고자 하면 밝은 것도 또한 장애요, 나로서 나를 없애려 하면 나도 또한 장애요, 마음으로 마음을 없애고자 하여도 마음도 또한 큰 장애니, 어떤 묘법으로 그 큰 장애를 벗어날고. 다시 한 층계를 더하여 반드시 자유를 쓰라.

마음이 곧 자유 자체가 되지 아니하고서는 본래 있는 성심본체에 이르지 못한다. 마음에 바라는 바가 있고, 구하는 것이 있고, 무엇이 되고자 하는 생각이 남아 있다면 아직 자유에 이른 것이 아니다. 성심본체는 본래 자유하여 구할 것도 없으며, 이룰 것도 없으며, 깨달을 것도 없다. 성심본체는 본래 다 갖추었으니 그 어떤 것도 '나' 밖의 다른 데서 온 것이 없다. 성심본체는 본래부터 오직 있을 따름이니 태어난 적도 없으며, 변하는 적도 없으며, 사라지는 적도 없다. 성심본체는 '본래의 나'이니 이 나로 말미암아 우주도 있고, 천지도 있고, 도도 생겨난 것이다. 이 마음은 오로지 창생을 위하고 위하는 마음뿐이다. 그러므로 의암은 '위위심爲爲心'이라고 하였다. 위하는 마음이 있으므로 이 하늘도 태어났고, 우주도 태어났고, 사람도 태어났고, 도도 생겨나게 된 것이다.

'본래의 나'는 세상의 나를 떠나서 저 밖의 어느 높고 고상하고 영원하고 절대적인 이상향에 따로 존재하는 것이 아니라 바로 내 안의 가장 깊숙한 곳에 존재하므로 '본래의 나'라고 하는 것이다. '나'를 떠나서 어디 다른 곳에서 찾을 수 있는 것이 아니라 세상의 나, 인연의 나, 조그만 나가 사라진 그곳에 홀연히 나타나는 '또 다른 나'다. 찾는다고 발견할 수 있는 것도 아니며, 두드린다고 열리는 것도 아니며, 닦는다고 깨달을 수 있는 것도 아니다. 오로지 '본래의 나' 스스로가 열어 주고 감응을 해야 한다. 사람이 할 수 있는 일은 마음을 비우고 지극 정성으로 공경하고 믿어 의심치 않는 일 뿐이다. 구름을 걷으면 본래 청천백일 靑天白日이 있듯이 마음을 비우면 '본래의 나'가 있을 뿐이다.

자유란 한번 고요하고 한번 움직이는一動一靜 모두가 '나'로부터 말미암는 것을 의미함이니 마음에 털끝만치라도 밖의 어떤 것에 의존하려는 생각이 생긴다면 자유심은 그만큼 멀어진다. 자유하면 일체 우주만유의 일동일정이 모두 나의 고요함 가운데에서 움직일 뿐이다. 마치 내 몸의 어느 곳에도 내 마음이 꽉 차 있어서 즐거움과 슬픔을 느끼듯이, '본래의 나'는 우주만유의 모든 고요함과 모든 움직임을 하나도 예외 없이 그대로 느끼게 된다. 그러므로 자유란 어디로부터 벗어난다는 뜻이 아니라 미치지 아니하는 곳이 없는 마음이 된다는 뜻이다. 아니 계신 곳이 없으며 아니 계신 시간이 없는 그 마음을 한마음이라 한다. 그 한마음이 되는 것이 바로 자유이다. 우주에 꽉 찬 한마음이므로 아무리 먼 곳에서 일어난 일이라도 즉각적으로 알며, 아무리 오래 전에 일어난 일이라도 즉각적으로 아는 마음이다. 시간도 우주도 오직 이 마음 안에 있을 뿐이다. 이 마음을 자유심이라고 한다.

오직 하늘이 스스로 화해 난 것이 세상

본래 비어 고요한 마음을 유한한 사물과 아집我執 그리고 신상神像에 잡아매면서 부자유가 시작되었고 일체의 장애로부터 벗어나 본래의 비고 고요한 한마음을 회복한다는 의미에서 자유라 하였다. 머무는 곳이 없는 마음을 특정한 곳과 특정한 시간 안에 잡아 두기 때문에 해탈·해방·자유를 강조하는 것이다. 일단 자유하게 되면 이 세상도, 이 아집도, 이 신상도 버리고 떠나고 할 이유가 없다. 왜냐하면 이 세상에 살지만 물들지 아니하고, 이 아집을 쓰지만 매달리지 않으며, 이 신상神像을 걸어 두지만 미혹된 믿음은 하지 않기 때문이다. 자유로운 영은 그 어느 곳에도 매이지 않으면서 그 어떤 것이라도 자유로이 쓸 뿐이다.

자유한 하늘사람만이 자용自用한다. 부자유한 사람은 언제나 남他을 쓸 뿐이다. 남을 쓰게 되면 함부로 쓰기 마련이다. 왜냐하면 내 것은 아껴 쓰지만 남의 것은 그렇지 않기 때문이다. 어떤 물건을 쓰든지 어떤 사람을 쓰든지 오직 자신을 쓰는 것이며 하늘을 쓰는 것이기 때문에 자유심은 그 어떤 것도 함부로 쓸 수가 없다. 오직 하늘로써 하늘을 쓸 뿐이니 해월은 이 경지를 이천식천以天食天, 이천화천以天化天이라는 말로 표현하였다. 주객을 따로 나눈다고 하지만 주객이 모두 하늘일 뿐이니 먹는 것도, 가르침도, 다스림도 모두 하늘의 작용일 뿐이다. 그러니 사람이 밥을 먹는 것이 아니라 하늘이 하늘을 먹는 것이다. 선생이 학생을 가르치는 것이 아니라 하늘이 하늘을 가르칠 뿐이다. 이것이 저것이 된 것이 아니라 오직 하늘이 하늘로 된 것일 뿐이니 비록 차원은 다르지만 오직 하늘이 스스로 화해 난 것이 세상이다. 또한 성인이 백성을 다스린다고는 하지만 실은 하늘이 하늘을 다스릴 뿐이다. 약이 병을 다스리는 것이 아니라 이 또한 하늘의 기운이 다른 하늘의 기운을 다스릴 뿐이다. 이처럼 오직 하늘의 마음과 기운을 자유자재로 써 보라는 것이 제11관법이다. 자유·자용에 이르게 되면 일체의 외도外道를 떠나게 된다. 동서고금을 막론하고 성인의 공부는 외도를 떠나 자유·자용을 관하는 데 있다.

공자는 자신의 공부를 '남을 위한 공부爲人之學'와 구별하여

'위기지학爲己之學' 이라 하였다. 위기지학이란 바로 만리만사의 근본인 '본래의 나' 에 대한 공부이다. 다른 말로 하자면 위기지학은 바로 대인이 되는 공부인 것이다. 대인이 되는 공부란 모든 존재자들을 다 사랑하는 마음을 얻는 공부라 하겠다.

왕양명이 말하는 '양지良知' 도 양심이 아니라 바로 모든 이치와 모든 일과 물건에 다 통해져 있는 '본래의 나' 를 뜻한다. 그러므로 양지良知에 이르게 되면 제거할 욕망도 사라지고, 해탈할 아집도 사라지고, 일체의 외도外道가 모두 다 안개처럼 사라져 버리는 것이다. 그렇다고 양지가 현실 생활을 떠나서 따로 존재하는 것이 아니라 일체의 사태와 사물들 속에서 양지를 실천하는 것이다. 일상의 삶에서 생각하고, 말하고, 행동하는 것을 양지에 어길 바 없이 하는 공부를 왕양명은 '사상마련事上磨鍊' 이라 하였다. 일상의 삶을 '본래의 나' 의 삶으로 만드는 것이다.

부처란 인연因緣에 의하여 생겨난 생멸의 세계에서 생긴 일체의 것들에 대한 집착을 버리고 있는 그대로의 실상을 관하여 자신의 본래면목本來面目인 불성을 보는 사람을 뜻한다. 불성과 부처가 나를 떠나서 어디 다른 곳에 있는 것이 아니다. 마조도일(馬祖道一;709~788)은 명쾌하게도 '즉심즉불卽心卽佛' 을 말하였다. 일체의 삶 속에서 마음에 곧바로 이르고 부처에 곧바로 이른다는 뜻이다. 즉卽한다는 것은 어떤 생각을 하고 어떤 일을 하든지 곧 바로 불심佛心에 바탕하고, 그대로 부처에 이른다는 뜻이다. 마음과 부처를 한시도 잊지 않는다는 뜻이며 곧 생각과 일에 마음을 빼앗기거나 잃거나 흔들리지 않는다는 뜻이다.

의상(義湘, 625~702)은 「화엄일승법계도華嚴一乘法界圖」의 첫 구절에서 '법성法性은 둥글어 두 개의 상이 없다法性圓融無二相'고 하였다. 주객主客의 두 가지 상이 있는 것이 아니며, 생사生死의 두 세계가 있는 것이 아니며, 깨달음과 무명無明이 두 가지 경지가 있는 것이 아니다. 본래 있는 것은 오직 고요할 뿐인데 억지로 이름을 붙이자니 부처니 불성이니 하는 것이다. 의상은 '본래부동명위불本來不動名爲佛'이라 하면서 글을 맺고 있다. 말로써 마음과 부처를 부르짖은들 무슨 소용이 있겠는가? 매매사사가 모두 고요한 곳에서 스스로 나와서 스스로 쓸 뿐인 줄 알게 되면 많은 이름들은 번잡스러운 소란을 만들 뿐인 줄 안다. 물처럼 자기만의 어떤 성품自性을 주장하지 아니하고 계곡의 생김새를 따라서 오직 흐를 뿐이다. 오직 하나의 진리가 만리만사에 타고서 흘러 봄이면 꽃이 피고 가을이면 열매가 맺게 된다는 화엄일승의 세계이다. 솔개가 하늘을 날고 물고기가 연못에서 뛰는 것도 오직 하나의 진리가 자신을 펼쳐보인 것일 뿐이다. 오직 하나가 만리만사를 타고 있으니 그 하나를 일컬어 '본래의 나'라고 한다. 이 '본래의 나'를 찾아 어디로 떠날 것인가? 마음 한번 제대로 쓰면 그대로 부처요, 그리스도요, 도인인 것을.

　어느 누구도 이 '본래의 나'를 말미암지 않고는 천국은 고사하고 생명도 얻지 못할 것이며, 진리도 알지 못할 것이며, 길을 떠나는 한 걸음도 내딛지 못할 것이다. 모든 죄악이 한울님을 잊고 잃으면서 나온 것이니 뭇 죄악들의 근본 원인을 회개하면 당연히 천국이 눈앞에 펼쳐질 것이다. 오직 하나인 한울님으로부터 떨어져 나온 것을 회개하여 한울님을 언제 어디서나 내 안에 모시고 있으며 바로 그 거룩하고 위대한 존재가 곧 '나' 자신임을 깨닫는 즉시로 천국이며 서방정토이며 지상천국이다. 그러므로 눈을 뜬 자에게는 저 들판의 꽃이 솔로몬의 영광보다 더 영광스러운 것이다.

제14장 모든 생명들은 행복해지고
第12觀法 衆生觀 福祿觀

수운은 "한울님께 복록 정해 수명을랑 내게 비네"라고 하였다. 한울님께서 복록을 내었기 때문에 모든 생명들이 살아가고 있다. 복록은 이미 지은 바에 따라서 하늘이 베풀기 때문에 정해진 것이지만 개벽시 살고 죽는 일은 수운에게 달려 있다는 것이다. 생명의 길을 수운이 전해 주었다는 것이다. 따라서 그 천도의 가르침을 따르게 되면 생명을 유지할 것이며 그 가르침을 받지 못하면 죽음에 이를 수밖에 없다는 것이다. 뭇 생명이 어디에서 왔으며 어떻게 행복하고 풍요롭게 살 수 있는지를 관하는 것이 제12관법이다.

수운은 주문으로 사람을 가르치고 영부로 사람들을 질병으로부터 구하라는 명을 하늘로부터 받았다고 하였다. 따라서 가르침의 핵심은 주문과 영부에 있음을 알 수 있다. 주문을 외고 영부를 받아야 한다는 것이다. 제1관법에서 주문을 외우면 하늘의 감화가 있음을 이미 보았다. 영부는 하늘의 감화를 종이 위에 형상으로 받아서 물에 타서 먹으니 질병이 낫는 효능이 있었다고 수운은 기록하고 있다. 해월은 영부란 다른 것이 아니라 마음이라고 분명하게 말하고 있다. 즉, 영부란 나쁜 기운을 치유할 수 있는 하늘의 기운임을 알 수 있다. 그 하늘의 기운을 마음으로 자유자재로 운용하면 영부를 받았다고 할 수 있을 것이다.

모든 생명들이 모두 다 함께 즐거움을 노래

새 하늘이 열리면 옛날 하늘에 매여 있던 생명줄이 끊어지게 될 것이다. 새 하늘에 생명줄을 대는 길을 한울님이 경신 사월 초오일에 수운에게 내렸으니 수명을 수운에게 빌지 않을 수 없게 된다는 것이다. 새 하늘이 열릴 때 모든 생명체들이 살 수 있도록 덕을 베푸는 것이 천도교의 사명이다. 이를 올바로 관하는 것이 제12관법이다. 생명줄인 하늘을 모시는 것이 뭇 생명들이 복록을 받아 살아가는 근본임을 관하라는 것이다.

자유自由·자용自用을 관觀한 성인이 태어나면 뭇 생명의 행복한 삶이 펼쳐진다는 것을 제12관법에서 관해 보라는 것이다. 생명의 근원이 어디에 있으며 후천개벽의 시기에 새로운 생명을 얻는 길이 어디에 있는지를 직시하라는 것이다. 그리고 생명은 모두 다 한울님께서 부여한 복록에 의지해서만 살아가므로 이 또한 직시하라는 것이다. 의암은 "한울님의 덕과 스승님의 은혜를 생각마다 잊지 않으면 지극한 한울님의 기운과 하나가 되고 지극한 성인에 이르게 된다(天德師恩. 念念不忘. 至化至氣至於至聖矣)"
고 하였다. 하늘로부터 일체 복록을 받아서 태어났으니 하늘의
덕이 아니고 무엇이며, 스승으로부터 개벽시 생명을 지키는 가
르침을 배웠으니 스승의 은덕이 아니고 무엇이겠는가? 이렇게
모든 것이 오직 하늘과 스승의 은덕일 뿐이라는 생각이 뚜렷해
져 변치 않으면 이 유한한 기운은 하늘의 무궁한 기운과 하나가
되고 편협한 아집我執은 무한한 성인과 하나가 되니 참된 행복을
느끼게 된다. 수운이 득도 이후 그 즐거움을 "좋을시고 좋을시
고 이내신명 좋을시고 금을 준들 바꿀소냐 은을 준들 바꿀소냐"
라고 노래했던 것처럼 똑같이 즐거움을 노래하는 것이 참 행복
이며 법열法悅이다.

혼자만 노래하면서 즐거워하는 것이 아니라 모든 생명들이
모두 다 함께 즐거움을 노래하는 것이다. 먼지티끌까지도 그 즐
거움에 동참하여 노래하게 된다는 것이다. 제12관법은 개벽 이
후 펼쳐지는 행복된 삶을 열어 보이고 있다. 정신적 만족감과 물
질적 여유가 모두 '본래의 나'를 통해서 오는 것이니 참 행복을
원하는 사람은 강요하지 않아도 자연스럽게 '본래의 나'를 회
복하는 길을 걸을 수 밖에 없게 된다. 세상의 가장 복된 길은
'나' 안에 있으니 밖으로 나가는 순간 불행의 연속이다. 행복해
지고자 한다면 '나' 안의 '또 다른 나'를 찾을 일이다. 이 '나'

를 찾으면서 뭇 생명이 모두 '나' 이외의 다른 존재가 아님을 알
며, 뭇 생명에게 한없는 사랑의 덕을 나누게 되며, 뭇 생명과 더
불어 죽지 않고 영원히 살게 된다.

이 '영원의 나', '순결의 나', '부동의 나'가 이전까지의 나와
너무도 다른 존재로 느껴지기에 깨달음을 얻은 사람들은 다양
한 이름으로 비고 고요한 나를 표현해 왔다. 상제라 하고, 부처
라 하고, 여호와라 한다. 그러나 이 모든 이름들은 단지 이름일
뿐이며 실상은 오로지 한 분뿐이다. 의암은 이 한 분의 이름이
세 가지니 영靈, 심心, 옹翁이라 하였다. 옹翁이란 인격적으로 느
끼는 한울님이다. 모든 중생이 행복하고 풍요롭고 여유있는 삶
을 살게 되니 그것이 오직 한울님과 스승님의 은덕임을 아는 것
이 제12관법이 된다. 창생을 위한다는 것은 창생으로 하여금 자
기 하늘을 자기가 알게 하여 무궁한 즐거움을 스스로 느끼게 해
드리는 일이다.

제15장 세계는 지상천국이 된다
第13觀法 世界觀 極樂觀

즐거움이 넘치게 되면 세계가 극락으로 바뀐다. 뭇 생명의 즐거움이 가득한 세계가 지상천국이다. 지상천국은 지금까지의 인류사와는 완전히 또 다른 새로운 시대를 뜻한다. 천국이 하늘에 있는 것이 아니라 지상에 있다는 것이다. 어떤 세계가 극락일까? 본 적이 없기 때문에 상상하기 어렵다. 극락세계에 대한 구체적인 기술도 없으니 정확한 묘사도 어렵다. 단지 지금까지의 인류 문명과는 완전히 새로운 문명인 것만은 분명하다. 새로 도래할 극락세계를 도덕문명, 개벽문명, 정신문명 등으로 부르기는 하지만 개략적인 상상은 할 수 있지만 어떤 일이 어떻게 이루어질지에 대해서는 그 누구도 장담하기 어렵다.

극락세계는 모든 고난과 역경의 극복 이후에 오는 마지막 단계이다. 오욕汚辱, 굴욕屈辱, 고난苦難, 역경逆境 등을 모두 참고 넘어서야지 극락에 들어갈 수 있을 것이다. 극락은 찾는다고 오는 것도 아니다. 생명이 다할 때까지 오직 마음을 비우고 정성을 다하고 믿음을 놓아 버리지 않을 때 홀연히 열릴 것이다. 우직할 정도로 참을성 많은 마음만이 마침내 홀연히 열리는 극락계에 들어설 것이다. 이 문은 또한 양보하고 또 양보하면서 모든 생명들이 다 해탈하고서야 마지막에 해탈하겠다는 지장보살地藏菩薩의 겸손과 하심下心을 가져야 열리는 문이다. 다른 모든 존재들을 하늘로 섬기고 양보하면서 오직 베푸는 마음만이 무한의 극락을 맛볼 것이다.

　더 이상 구할 것도 없어지고, 더 이상 깨달을 것도 없어지고, 더 이상 베풀 것도 없어질 때 홀연히 열리는 그 고요한 가운데 느끼는 즐거움을 극락이라 한다. 누구라도 이렇게 사는 세계가 극락세계이다. 착취당하거나, 소외되거나, 배제되거나, 차별받거나 하는 사람들이 모두 다 사라지는 때이다. 그 어떤 자극에도 무감각해지고, 그 어떤 시비에도 휘말리지 않으며, 그 어떤 도전에도 움직이지 않으며, 그 어떤 역경도 극복해 낼 때 새롭게 열리는 세계이다.

　사람만이 즐거워한다고 극락세계가 오는 것은 아니다. 동식물도 즐거워야 하며 생명의 호흡이 느껴지지 않는 자연 사물도 즐거워야 극락세계라 할 수 있다. 먼지 티끌까지도 즐거움에 몸을 떨 때가 되어야 비로소 극락계라 할 것이다. 세계가 극락이 된다는 것은 지상천국이 된다는 말이며 위대한 평화시대가 열린다는 뜻이다. 미래는 밝지만 중요한 일은 과연 어떤 고난의 터

널을 얼마나 오랫동안 지나야 이러한 시대가 도래할 것이냐의 문제이다.

세상과 나라를 태평하게 하는 것은 바른 말에 있느니라

제13관법은 인류가 지금껏 꿈꾸어 왔던 궁극의 이상을 바로 보라는 법이며 이러한 시대는 천도교에 의하여 열린다는 것이다. 그러나 의암은 '천도교는 천도교인의 사유물이 아니며 인류 전체의 공유물이라'고 하였다. 이는 인류의 문명이 궁극적 하나로 돌아가는 것을 의미함이니 진리가 지상에 구현되는 세계를 뜻한다. 진리가 구현된다는 것은 말이 바르게 된다는 것이다. 온갖 가지 부정과 불의는 말이 마음과 다르고 행동과 달라서 생기는 것이다. 생각한 것을 말하고, 말한 것을 행동하게 되면 그대로 극락이다.

의암은 『무체법경』의 「극락설」에서 "도를 쓰고 세상을 쓰는 것은 성품과 마음에 있고, 세상과 나라를 태평하게 하는 것은 바른 말에 있느니라."고 하였다. 세상과 나라를 극락세계로 만드는 길은 다른 데 있는 것이 아니라 바른 말에 있다고 하였다. 말이 바르지 못하여 세상이 아수라장이 되었다는 것이다. 세상을 바로잡는 길은 바른 말이며, 바른 말이 나오는 곳은 바른 마음이다. 바른 마음은 한울마음이며, 한울마음은 오직 비고 고요한 성품에서 얻을 수 있다. 비록 지금은 이렇게 말없이 비고 고요하여 세상이 알지 못하지만 내일은 세상과 나라를 지상천국으로 만드는 말의 근본 뿌리가 될 것이다. 성품을 얻어 말이 바르게 되면 극락이 바로 눈앞이다.

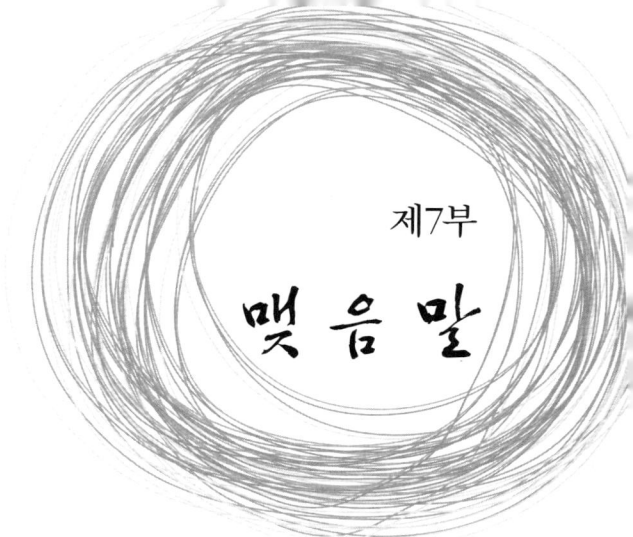

제7부

맺음말

제16장 하늘의 눈을 여는 마음공부

주문·감화의 제1관법에서 출발하여 세계·극락의 제13관법을 차례대로 보았다. 관법은 그 대상을 보아서 활연관통하는 마음공부이다. 열세 가지 관법 가운데 첫 번째는 천도교의 주문과 한울님의 감화를 다루지만 나머지 열두 가지는 인류 문명이 지금까지 고민해 온 중요한 화두들이다. 십삼관법은 이러한 문명적 화두에 대한 천도교적 대답이라 할 수 있다. 관법은 글자를 따라가서 이해할 성질의 것이 아니다. 관법은 제시된 화두가 자기 마음 안에서 완전히 관통되지 않고서는 공부가 되었다고 하기 어렵다. 따라서 이 책을 계기로 십삼관법에 단도직입한 직관들이 많이 나오기를 기대한다. 관법이란 보이는 대상이 바뀌는 것이 아니라 보는 눈이 바뀌는 것이므로 자각이 없이는 나올 수 없는 법이다.

수운은 하늘로부터 주문을 받아서 사람들에게 전해주었다. 주문의 뜻에 대해서는 이미 많은 해석들이 있다. 중요한 것은 주문공부이다. 주문공부는 하늘의 감화를 직접 느끼는 것이다. 그리하여 몸과 마음으로 얻는 바가 있어야 한다.

모든 수행자와 구도자들은 하늘과의 관계에 대한 새로운 지평이 열리면서부터 구도의 길을 떠난다. 만약 하늘에 대한 아무런 생각이 없다면 구도와 수행의 길은 떠나지 않았을 것이다. 의암은 제2관법에서 도를 찾아나서는 그 순간부터 '나'는 잊고 오로지 하늘만 생각하라고 한다. 한 점이라도 '나'가 있다면 하늘이 온전치 못하다는 점을 상기시킨다. 하늘만 있고 나는 없다는 것이다. 그렇지만 이렇게 잃어버린 나는 제3관법에서 되찾아진다. 이때의 '나'는 더 이상 길을 떠날 때의 '나'가 아니라 자기 안에 모든 것을 담게 된 '위대한 나', '본연의 나', '우주의 나', '하늘의 나'가 된다. 이러한 존재를 천도교에서는 '본래의 나'라고 부른다. 하늘마저도 이 '나' 안에 들어왔기에 하늘도 사라지는 것이다.

이 '본래의 나'가 된다는 것은 어떤 의미일까? 의암은 이 점을 중시하여 4개의 관법(제4·5·6·7관법)을 통하여 상세하게 '본래의 나'를 여러 각도에서 비추어주고 있다. 이 네 가지 보는 공부는 이미 유가·불가·도가 등에서 공통적으로 사용하고 있는 개념인 성심性心의 유무有無를 활용하여 이루어진다. 그렇게 함으로써 다른 역사적 종교 전통들을 하나로 회통시켜 동귀일체의 길을 활짝 열어 준다.

성심의 유무 매트릭스를 정복하면 성품과 마음의 유무 문제에 매달렸던 마음이 자유롭게 된다. 그렇게 되면 성품과 마음의 유무에 따라서 서로 대립하고 갈등하고 전쟁하는 입장들을 회통하여 결국 하나의 '성심본체'의 마음에 이르게 되는 것이다. 성품이 없고 마음은 있다고 보는 입장과 성품은 있고 마음이 없다고 보는 상반된 입장을 모두 다 이해하여 서로 통하게 되는 것이다. 그리고 성심이 모두 없다는 관법과 모두 있다는 관법을 통함으로써 성심유무에 관한 4개의 관법이 자명해질 때 비로소 '본래의 나'가 진정으로 탄생한다고 할 수 있다.

성심 유무의 제 관법들을 통하여 '성심본체'의 마음이 확고하게 서게 된 '나'는 하늘에 앞서게 된다. 곧 시간의 시원이 되는 것이며, 우주의 본원이 되는 것이며, 만물의 중심이 된다고 할 수 있다. 제8관법에서 의암은 '본래의 나'의 위상을 먼저 분명히 하고 난 뒤에 제9관법과 제10관법에서 새로운 나에 의하여 어떻게 새로운 하늘과 새로운 땅이 태어나게 되는지를 보고 있다. '다시개벽' 또는 '후천개벽'을 이 두 관법에서 보라는 것이다. '다시개벽'은 동학·천도교에게 내려진 천명이다. '본래의 나'는 하늘의 명령을 수행하는데 의미가 있으며 새 하늘을 열고, 새 땅을 여는데 그 본령이 있다. 이 명命을 성공적으로 수행하면 사람은 신인神人이 되고 세상은 천국이 된다.

의암은 제11관법에서 '본래의 나'를 얻은 성인의 경지가 어떠한지에 대하여 자유와 자용으로 관하라고 한다. 성인은 오직 자기로부터 말미암으며 밖에 의거하지 않는다. 또한 스스로 할 뿐이며 남이 시켜서 하지 않는다. 성인의 자유·자용으로 사람들은 복을 받고 풍요로워지게 된다. 제12관법에서 복록의 원천이 어디이며 어떻게 운용할 수 있는지를 관하라고 한다. 그러한 사회가 어떻게 이루어질 수 있는지를 보라는 것이다. 극락세계는 꿈의 세계가 아닌 척박한 이 세상에 세워질 때 의미 있는 것이다. 지상천국의 건설이 마지막으로 보는 제13관법이 되는 것이다.

제11·12·13관법은 성인이 아니면 할 수 없는 일들이다. 성인이라도 운수가 받쳐주지 않으면 또한 이룰 수 없는 일이다. 동학·천도교의 운수는 새로운 문명을 잉태하여 낳는 운수이므로 스스로 성심본체가 되어 '본래의 나'를 회복하여 개벽하게 되면 저절로 이루어진다. 사람의 생각으로는 감히 할 수 없는 엄청난 일을 보라고 하지만 사람의 눈으로 어찌 볼 수 있겠는가? 오직 하늘의 눈으로 보아야 할 것이니 13관법은 하늘의 눈을 열어주기 위한 마음공부다.

찾아보기

【ㄱ】

가상의 세계 144
각상 26
각지불이 29, 37
간화선 43
감상 26
감옥 120
감정 87
감화 15, 16, 27, 32
개벽 18, 38, 149
개벽문명 165
객관성 13
객관적 보편성 20
거울 25, 68, 69, 70, 97
거울 본체 68
거울 자체 68
거짓 132
격물치지 80
견성 76, 77
견성각심 24, 103, 131
경외지심 37
경전 32, 99
고요 40, 168
고요하면서 감응 102

고향 140
공 40
공공적 67, 127
공도공용 101, 134, 153
공도공행 134
공부 157
공상 26
공유물 38, 39, 167
공자 46
교역 119
군자 135
권력의지 40
귀신 29, 74, 84
귀신자오야 63
그리스도 58, 59
극락 165
극락세계 165, 166, 174
근본 생태론자 141
근본 재료 74
근본의 나 49, 54
금강경 45
기억의 다발 43
까마귀 121
깨달음 49, 159
꽃 한 송이 147

【ㄴ】

나막신 55, 147
나와 하늘 16
내수도 119

냉수 88
노자 141, 142
니르바나 49

【ㄷ】

다시개벽 33, 60, 108, 117, 118, 133
다이아몬드 119
대낮 27
대대 52
대도 92, 126
도덕군자 118
대동 48
대비 148
대인 48, 58, 59, 125
대학 80
도덕문명 59, 150, 165
도법자연 141
도심 51
도추 68
도통 23
동귀일리 135
동귀일심 135
동귀일체 135, 136
동체대비 148
동학 61
두더지 142
딸 129

【ㅁ】

마음 15, 17, 82, 107
마음 씀씀이 87
마음공부 90
마음기운 91, 105, 106
마음먹기 87
마조도일 158
마하가섭 126
만물 108
만사지 26
만신 108
만인 108
만일지공 122
맹자 77
머무는 곳 114
며느리 129
모세 126
모심 38
모종삼 83
묘용 101, 106
무 40
무궁한 즐거움 164
무극 52
무극대도 17, 52, 65, 100, 104, 116, 149
무명 159
무무 73
무상 85
무상사 138
무선무악 115
무시불교 108
무시불명 108
무시선무처선 110

무왕불복 86, 124, 130
무위이화 57, 101, 104, 142
무위자연 31
무체법 65, 100
무한 69
무한의 나 54
무함마드 126
묵송 23, 39
문명 완성 19
물고기 50, 159
물물천사사천 110
물이 묻지 않는다는 말 95
물정심 30
물질문명 151
미망심 30

【ㅂ】

바다 94
바른 말 167
밥주머니 64
법 100
법망 131
법열 163
법화경 137
복록 162, 163
복숭아 꽃 116
본래면목 158
본래의 나 14, 18, 30, 35, 54, 56, 58-60,
　　　63-65, 90, 107, 110, 111, 113-116,
　　　125, 120, 122, 123, 127, 129, 134-

137, 139, 142, 143, 146, 153-155,
158, 159, 163, 174
본성 46
본체 69
본체론 17
봄 77
봄을 찾아 116
부동의 나 164
부모님 26
부처 58, 59, 61, 88, 126
불가 46
불길 106
불생불멸 69, 115
불성 46
불연기연 121
비각성 130
비공 41
비단 119
비무 41
비비무 41
비비상처 41
비허 41
빛깔없는 빛 94

【ㅅ】

사단칠정론 49
사랑 132
사리사욕 40
사상마련
사회 완성 19

사후관 146
사후세계 145
삼성과 130
삼심관 30
상제 61
새 142
생나무 147
서방정토 160
석가모니 137
선 110
성 67, 110
성령출세설 143
성리학 79, 80
성심 17
성심본체 65, 100, 106, 107, 108, 109,
　　154, 174
성인 58, 59, 82
성즉리 79
성품 15, 17, 68, 82, 84, 98, 105
성품거울 71
성품고요 90
성품한울 113
세상의 나 49
세존 138
솔개 50, 159
솔로몬 160
수수명실록 108
수심 71
수심정기 23
수운 91
순결의 나 164

쉬바 126
스승 163
스승님 26
습관천 30
시 16
시간 18
시간의 장벽 118
시경 50
시원 111, 113
시천주 24
식고 25
신 62
신독 127
신령 29, 37
신령적 존재 39
신상 32, 88, 156
신상과 경전 그리고 성지 137
신의 섭리 117
신인 173
신종교 38
신통력 134
실상의 세계 145
심 164
십삼관법 15
심즉리 81
심학 13

【ㅇ】

아버지 없는 최초의 사람 121
아버지의 나라 138

아브라함 126
아상 44
아집 39, 44, 87
알라 61
양명학 77, 80, 82, 83
양지 81, 83, 158
어린아이 55, 147
어짊 47
억억만년 113
없다 79
여래 138
여여 30, 95
여여심 94
여여적적 103
여종 129
여호와 61
역 58, 103
역학 153
열린 마음 47
열반 59
영 52, 116, 153, 164
영감 116
영부 90, 91, 161, 162
영생 28, 96, 144
영세불망 28, 109
영세불망 만사지 31
영원 69
영원의 나 164
영적 체득 21
영추 68
예수 126, 138

오심즉여심 110
오장육부 87
옹 164
왕양명 80, 81
외경 56
외도 157
요순공맹 126
우주 15
우주기운 29
우주만유 143
우주본체 107
우주자연 31, 143
원각성 130
원리원소 74, 76, 105
원만구족 67
원소 74
원원충충 103
위기지학 46, 158
위위심 56, 61, 154
위하는 마음 58
유물론자 27
유불도 65
유불선 17
유일무이 136, 140
유자 126
윤회 43
율곡 50
음양 29
음양오행론 87
의상 159
이름표 44

이천식천 104, 157
이천화천 157
이치기운 74
인간 본체 17
인간 본체론 16
인간사회 15
인간 완성 19
인간주의 141
인과 131
인과법 130, 132
인내천 110
인류 문명 61
인심도심론 49
인연법 93
인연의 끈 53
인욕 80
인의예지 80, 148
인지상정 56
일동일정 155
일색공 145
임금님 26
있다 79

【ㅈ】

자기 수정 25
자성 45, 46
자신감 64
자연법칙 117
자연사물과 동식물 147
자연성 그 자체 142

자연숭배주의자 141
자용 156, 174
자유 30, 96, 154, 156, 174
자유로운 영 156
자유심 41, 95, 151, 155, 156
자유의 경지 153
자유의지 27
자유자재 157
적멸의 열반 59
전도망상 87, 120
절대신 29
정 107
정명선의 131
정성 47
정신문명 151
정심수도 120, 129
조주 스님 100
조화옹 136
조화정 24
종교전쟁 62
무체법경 13
주객 159
주관성 13
주관적 보편성 19
주문 15, 23
주문 21자 23
주문 · 감화 15
주문공부 171
주인공 44, 45
중심 51
중용 47, 79

즉심즉불 158
증오 132
지금 · 여기 99
지기 50
지렁이 142
지상신선 135, 153
지상천국 19, 151, 160
지선 69
지옥 144
지장보살 166
지하감옥 120
진공묘유 115
진진몽몽 103

【ㅊ】

차별상 95
참회 88, 131
천국 165, 173
천당 59, 144
천덕 57, 59
천도 17, 23, 39
천도교 61
천도인 38
천리 67, 80, 81, 82
천명 59, 67
천명지위성 79, 82
천무관 60
천변만화 106
천심 28
천인합일 61

천주 28
천지 29
천지미판전 119
천지부모 37, 54, 57, 104
천지인 29, 83, 113, 117
천지인 일원론 29
천체 28
천황씨 51, 117
청천백일 72, 122
초월적 절대신 99
최초의 새 사람 51
최초의 인간 51
충서 47
측은지심 47
침묵 42

【ㅋ】

크리슈나 126

【ㅍ】

태양 73
태풍의 눈 67, 68
티끌 72
팔만대장경 49
평화 96
평화시대 166
평화의 기도 89
프란체스코 89, 90

【ㅎ】

하나 61
하나의 성령 146
하나의 영 145
하심 166
한 분 62
한마음 56, 156
하늘 82, 109, 163
한울기둥 64
한울기운 39, 90
한울님 16, 26, 27, 56, 162
한울마음 28, 30, 48, 51, 71, 84, 90, 167
한울성품 84
하늘을 고친다 133
하늘의 눈 174
합기덕정기심 31
해월 54, 91, 128
행법 13
허 40
허공무 41, 42, 75, 99
허광심 92
허령지각 103
허무주의자 42
현묘 101
현송 23
혈각성 131
혈구지도 46
형이상학적 19
혜능 45, 126
혜능선사 71

호모 사피엔스 사피엔스 52
혼원일기 50, 108
화엄일승 159
화엄일승법계도 159
활연관통 171
활활발발 127
회교도 126
회통 17
후천개벽 18, 60, 84, 108, 117, 149, 162
후천운수 122-124, 133
희노애락애오욕 97
힌두교인 126

오 문 환 吳 文 煥

연세대 정외과를 졸업하고 동 대학원에서 「해월 최시형의 정치사상 연구」로
박사학위를 받았다. 중국 북경대에서 연구학자로 연구하고, 연세대 등에서
시간강사로 강의하였으며, 동학학회 등에서 학회임원으로 봉사하였다. 동학
에 대한 연구논문들을 관련 학술지에 발표하였으며『동학의 정치철학』등 저
서들을 출판하였다. 1987년부터 영적 수행에 관심을 가졌으며 2000년 이후
에는 천도교 수행을 해 오면서『천지를 삼킨 물고기』와 같은 수행 에세이도
발간한 바 있다. 현재 서강대 등에서 강의하고 있다.

봄觀 : 본래의 나를 찾는 마음공부

등 록 1994.7.1 제1-1071
인 쇄 2009년 9월 20일
발 행 2009년 9월 30일

지은이 오문환
펴낸이 박길수
편집인 소경희
디자인 이주향
마케팅 위현정
펴낸곳 도서출판 모시는사람들
       110-775 서울시 종로구 경운동 수운회관 1207호
전 화 02-735-7173, 02-737-7173 / 팩스 02-730-7173

출 력 삼영그래픽스(02-2277-1694)
인 쇄 (주)상지P&B(031-955-3636)
배 본 문화유통북스(031-937-6100)
홈페이지 http://www.donghakbook.com

값은 뒤표지에 있습니다.

ISBN 89-90699-76-3